RE·ISSUE SERIES | 01

시간이 지나도 책에 담긴 가치는 변하지 않습니다. 당신의 성장과 성공을 위해
리-이슈(재발간) 시리즈는 매일매일 책상 위에 올려두고 싶은 책을 엄선하여 소개합니다.

지은이 **조 비테일** *Joe Vitale*

조 비테일은 마케팅 컨설팅 회사인 'Hypnotic Marketing'의 사장이다. 그는 마케팅에 관한 탁월한 통찰력으로 "인터넷의 붓다"로 불리고 있다. 그의 글은 전 세계적으로 널리 읽히고 있으며, 적십자사와 PBS 같은 다양한 국제기업들이 그의 전문 고객이다. 주요 저서로는『There's a Customer Born Every Minute』『AMA Complete Guide to Small Business Advertising』등이 있다. 그의 무료 뉴스 레터는 www.mrfire.com에서 구독할 수 있다.

옮긴이 **신현승**

고려대학교 철학과 졸업 후 전문 번역가로 활동하고 있다. 역서로는『쇼핑의 과학』,『육식의 종말』『워런 버핏의 완벽투자기법』『리더 수업』『고객체험의 경제학』『시대와 리더십』『파티는 끝났다』『100년 동안의 거짓말』등이 있다.

세계적인 천재 마케터 '조 비테일'의

꽂히는 글쓰기

조 비테일 지음 | **신현승** 옮김

나비의 활주로

창준생, 소규모 기업의 사장이라면
반드시 알아야만 하는 바이블

- 한국비즈니스협회 심길후

내가『꽂히는 글쓰기』를 접한 것은, 1인 기업가들을 양성하고 자영업자들이 기업시스템을 갖출 수 있게 하는 일을 하던 시기였다. 나를 통해 많은 사업가분들의 영업력이 상승되고, 더 높은 곳으로 위치가 올라가며, 매출이 변하는 모습들을 보며 뿌듯함을 느끼던 중 나와 함께하는 많은 사업가분들에게 더욱 도움이 될 방향을 찾던 중에 이 책을 접하게 되었고, 나뿐만 아니고 우리 수강생 사장님들에게도 큰 변화의 물결이 시작되었다.

　나와 비슷한 일을 하고 있는 이 책의 필자, 조 비테일은 세계적으로 아주 유명한 마케팅의 구루로서 창준생, 소상공인, 1인 기업, 소기업 대표 등 다양한 사업을 하는 사람들에게 필요한 노하우를 전수하고 있다. 그 노하우를 우리 독자분들이 스스로의 것으로 만들어서 사업 성공에 큰 날개를 달았으면 좋겠다.

　사업을 한다는 것의 가장 기초적인 정의는 '아이템을 파는 것'으로 보면 될까? 아무리 좋은 제품, 상품이 있다 한들 사람들에게 알리지 못하고, 사람들을 설득하지 못한다면, 결국 그것은 사장될 뿐 아이템으로서 쓸모를 다하지 못하는 셈이다.

사람들에게 가치있는 것을 개발하고, 노출시키고, 돈을 지불하게 함으로써 사업이 시작된다. 매출이 발생되는 것은 크게 우리의 아이템을 알리는 과정, 고객을 설득하는 과정, 그리고 또다시 추가 매출을 이끌어내는 과정, 이렇게 세 가지로 나뉜다. 이것을 좀 더 있어 보이게 설명하면, 마케팅과 세일즈, 고객관리 정도로 표현할 수 있다. 이 세 가지를 '얼마나 잘 해내느냐?' 그리고 '어떻게 이런 판매 환경을 만들어 내느냐?'에 따라서 우리들의 사업체가 자영업에 머물 수도, 기업체로 발전될 수도 있는 것이다.

자, 그럼 여기서 가장 중요한 문제! 지금 언급했던 마케팅, 세일즈, 고객관리는 어떻게 진행되는가? 바로 사람과 사람 사이의 소통 체계, 특히나 지금과 같은 온라인 시대에서는 글을 통한 전달이 많은 부분을 차지한다. 그리고 사람을 직접 만나서 대면 영업을 하는 경우 또한 제대로 된 글의 기획력을 갖고 있다면 대면 언어 전달이 매우 잘되는 것 또한 지당한 사실이다.

잘 짜인 기획, 잘 다듬어진 문장 등으로 고객을 유혹하고, 고객이 나를 찾아오게 만들고, 주위에 추천하고 재구매하며 평생 고객으로 남게 할 수만 있다면, 우리는 이러한 흐름을 기반으로 얼마나 훌륭한 사업을 만들어낼 수 있을까?

우리의 사업에 날개를 달아줄 수 있는 그 흐름! 그 흐름을 우리 독자분들에게 적용시켜줄 수 있는 단 하나의 방법! 『꽂히는 글쓰기』이다!

역자 서문

처음 번역 의뢰를 받았을 때 '왜 한참 전에 나온 책을 이제야 재출간하는 걸까?'라는 의구심이 들었다. 하지만 의문은 오래가지 않았다. 번역을 진행하며 이 책이 다루는 '최면' 글쓰기에 홀리듯이 빠져들었고, 분명 요즘 사람들 또한 책 내용에 열광할 것이라는 확신이 들었기 때문이다. 실제로 예전에 국내에서 출간된 번역본은 정가보다 10배 이상 높은 가격에 거래된다고 한다. 특히 '마케팅에 고민이 많은 1인 사업가'들에게 큰 사랑을 받고 있다.

오늘 당장 가전제품을 구입해야 하는 상황이라고 가정해 보자. 먼저 쇼핑몰부터 찾아볼 것이다. 자신에게 적합한 가격과 성능과 디자인을 기준으로 제품을 골라보지만 고만고만한 제품이 여럿이다. 이럴 경우 당신은 어떻게 하겠는가? 십중팔구 제품 설명과 광고, 구매자의 평가 등을 참조하며 마음에 드는 제품을 차례차례 탐색할 것이다. 그런데 이것은 모두 글을 통해 얻는 정보이다. 결국 글을 통해 얻은 정보를 가지고 최종적으로 구매 행위에 이르는 것이다. 역으로 판매자 입장이라면 구매자의 관심을 사로잡는 글을 통해 제품 판매에 성공할 수 있다.

누군가 마케팅을 위한 올바른 글쓰기에 대해 질문한다면 그 답은 의외로 간단하다. 잠재고객의 눈길과 관심을 사로잡아 구매 행위에 이르게 하는 글쓰기라고 답하면 되기 때문이다. 그러나 누군가의 관심을 얻기 위한 글이 넘쳐나는 상황에서 경쟁자와 차별화되는 글을 쓰기란 여간 어려운 일이 아니다. 구매자의 관심을 사로잡아야 한다는 목표를 가지고 너 나 할 것 없이 누구든 최선을 다해 글쓰기를 하고 있기 때문이다.

그렇다면 셰익스피어처럼 탁월한 재능을 가지고 있어야 이런 글쓰기가 가능한 걸까? 이 책의 저자인 조 비테일은 꼭 그런 것은 아니라고 말한다. 그가 주목한 것은 셰익스피어의 천부적인 재능이 아니라 그의 글에 담긴 최면 효과였다. 누군가에게 최면을 걸어 트랜스 상태에 빠지게 하는 것처럼 셰익스피어도 글을 통해 독자들을 최면에 빠지게 한다는 것이다. 마케팅의 경우에도 이 원리는 똑같이 작동한다. 저자는 이렇게 말한다.

"최면 글쓰기란 잠재고객들이 당신의 제품과 서비스를 구매하는 심리 상태에 이르도록 특정 단어를 사용하는 것이다."

일단 공식을 알면 한결 쉽게 해답을 얻기 마련이다. 그래서 이 책에 등장하는 마케팅 글쓰기 공식이 바로 최면 글쓰기이다. 최면을 거는 것처럼 누군가의 관심을 사로잡을 수 있다면 저절로 구매 행위를 이끌어낼 수 있기 때문이다. 이 책의 장점은 남다른 통찰력과 다양한 예시를 바탕으로 어떻게 최면 글쓰기가 가능한지 그 방법을 구체적으로 알려주고 있다는 것이다. 모쪼록 이 책이 제시하는 글쓰기 비결을 잘 습득하여 누군가의 관심을 한눈에 사로잡을 수 있는 자신만의 최면 글쓰기를 완성했으면 하는 바람이다.

2023년 5월, 신현승

나는 고객의 관심을 끌고 싶다. 그렇지 않은가?

이 책은 1985년 개최된 세미나에서 참가자들에게 판매했던 출판물이었다. 그 후 내용을 보강하여 1995년에는 전자책으로 출간되었다. 책은 세상에 나오자마자 온라인을 뜨겁게 달구었다. 나는 2004년에 사설 세미나를 개최했다. 세미나 참가자들은 1인당 5천 달러를 지불하고 이 책에 담긴 비법을 전수받았다.

지금 당신이 들고 있는 책은 '최면 글쓰기'의 종합판이라 해도 과언이 아니다.

최면 글쓰기는 설득력이 있다. 누구든지 최면 글쓰기로 커뮤니케이션 능력과 설득력을 키울 수 있다. 또한 더 많은 매출을 보장받을 수도 있다. 의사인 내 친구는 환자들이 자신의 조언을 따르지 않는다고 불평한다. 그의 조언에도 불구하고 흡연자들은 여전히 담배를 피우고, 과식 습관을 가진 이들은 과식을 멈추지 않았기 때문이다. 만약 그가 글쓰기를 통해 환자를 설득하는 몇몇 원리를 알았더라면 대다수 환자들이 그의 조언을 따랐을 것이다. 굳이 '글'이라는 매개체를 이용하지 않아도 최면 글쓰기 원리를 그대로 차용했다면 좀 더 나은 결과를 얻었을지도 모른다. 저널리스트, 이메일 작성자, 웹사이트 작성자, 블로그 작성자 등도 최면 글쓰기를 이용하여 장시간 독자의 관심을 잡아둘 수 있다. 이 책을 잘 활용하면 당신의 글을 가지고 얼마든지 사람들의 관심을 끌어들일 수 있다. 정보 과잉 시대에 나만의 강점을 부각시킬 수 있는 지름길이 바로 최면 글쓰기이기 때문이다.

이 책에는 최면 글쓰기와 관련하여 다양한 사례들이 실려 있다. 어쩌면 독자들은 책을 읽는 내내 가벼운 최면 상태에 빠져드는 자신을 발견하게 될지도 모른다. 더 정확히 말하자면, 최면 상태의 자신을 자각하지 못하게 되는 것이다. 당신은 이전에 의식하지 못했던 것, 즉 '각성 트랜스 상태'에 빠졌다가 깨어나게 될 것이다. 그러면서 이 책을 통해 최면 글쓰기의 숨겨진 메커니즘에 경각심을 갖게 되며 본인의 글쓰기에 이를 활용할 수 있게 될 것이다.

모쪼록 이 책을 좋은 용도로 사용해주었으면 한다. 누구든 자신의 고객이 원하지 않는 것을 억지로 강요할 수 없다. 그런 시도는 꿈조차 꾸지 말아야 한다. 최면 글쓰기는 잠재고객에게 조금

이라도 더 나은 설명을 원하는 윤리적 비즈니스맨들을 위한 글쓰기다. 어떤 독자들은 내게 감사의 편지를 보낸다. 그런가 하면 마케팅에 최면을 활용하는 방식에 불만을 표하는 독자들도 있다. 그들은 최면 글쓰기가 글 쓰는 사람의 선택권을 없애며, 도덕적으로도 옳지 않은 행위라고 판단한다.

어쩌면 당신도 그들과 비슷한 생각을 하고 있을지 모른다. 그래서 다음 몇 가지 사실들을 지적하고자 한다.

• 최면은 결코 선택권을 빼앗지 않는다

아무리 최면을 걸어도 본인이 원하지 않으면 최면이 유도하는 지시를 무조건 따르지 않는다. 가령 내가 제안하는 모든 것을 당신이 구매할 수 있는지 스스로에게 물어보라. 십중팔구 그렇게 하지 못할 것이다. 마케팅 전문가인 내가 '최면'을 걸어도 결국 본인의 의지에 따라 선택할 것이기 때문이다.

• 최면은 도덕적으로 나쁜 행위가 아니다

치과의사, 일반의사, 심리학자들은 이미 최면을 활용하고 있다. 1950년대 이후로 미국의학협회에서는 최면을 정식으로 승인했다. 아직도 최면을 나쁘게 생각한다면 그 자체로 일종의 최면 상태인 문화적 선입견에 사로잡혀 있는 것이다.

11

그렇다면 대체 최면이란 무엇일까? 최면에 대한 나의 정의는 '누군가의 관심을 끄는 것'이다. 흥미를 불러일으키는 재미있는 영화나 책이 전형적인 사례이다. 근사한 세일즈레터나 구매상담 혹은 광고문도 마찬가지다. 물론 여기서 내가 말하는 것은 심리조작이 아니라 '마음을 즐겁게 하는 것'이다.

- 브리트니 스피어스의 노래는 최면성이 아주 강하다. 그러나 모든 사람이 그녀의 음악을 구매하는 것은 아니다.
- 『다빈치 코드』의 저자 댄 브라운의 소설은 최면성이 강하다. 그러나 모든 사람이 그의 책을 구매하는 것은 아니다.
- 『해리포터』는 지구촌 곳곳을 최면 상태에 빠지게 만든다. 그러나 모든 사람이 그 책을 구매하는 것은 아니다.

결론적으로 최면 글쓰기는 사람을 통제하지 않으며, 누군가에게 신과 같은 능력을 부여하지도 않는다. 마케팅 부문에서는 최면 글쓰기가 당신의 강점이 될 수 있다. 하지만 질 나쁜 제품을 판매하기 위해 최면 글쓰기를 이용한다면 그것은 당신에게 전혀 도움이 되지 않는다. 『설득의 심리학』의 저자인 케빈 호건의 말을 들어 보자. "최면은 여러모로 더 나은 삶을 가능하게 해준다. 게다가 비즈니스맨이나 마케팅 전문가에게는 고객이 아닌, 경쟁자보다 앞서가는 결정적인 강점을 제공한다."

당신은 최면 글쓰기를 원한다. 사람들의 관심을 *끄*는 데 도움이 되기 때문이다. 커뮤니케이션도 더 원활하게 해준다. 하지만 결국 당신이 그들의 관심을 끌지 못한다면 그 무엇도 판매하지 못할 것이다. 그렇지 않은가?

조 비테일

www.mrfire.com

우와! 온통 좋은 것들뿐이다. 얼핏 외양만으로도 군침이 돌지만 보면 볼수록 맛과 향이 더욱 짙어진다. 갓 출시된 초콜릿바도 이 정도의 감흥을 주지 못한다. 조 비테일의 『꽂히는 글쓰기』는 상세한 기술과 풍부한 사례를 가지고 최면 글쓰기의 방법뿐 아니라 그 본질과 존재 이유를 분명히 밝히고 있다. 아마도 당신은 이 책을 읽으면서 최면 글쓰기의 탄생 과정을 엿보는 동시에 조 비테일의 실전에 가까운 지도와 도움으로 최면 글쓰기의 달인이 될 수도 있을 것이다.

나는 언어의 놀라운 영향력에 많은 관심을 가진 만큼 잘 이해하고 있다. 단어들은 '날개 달린 에너지'처럼 우리를 더 높고, 더 넓은 곳으로 인도한다. 언어는 하나의 점에 불과한 우리를 인류라는 존재로 서로 연결시킨다. 어떤 단어는 그림을 그릴 수 있게 해주고, 어떤 단어는 우리를 울고 웃게 만들 수 있으며, 갖가지 단어들은 의식의 폭을 넓혀 준다. 나는 최면 전문가와 함께 최면에 대해 연구하고 실습했다. 언어는 놀라운 외부 세계, 즉 우리를 최면 상태로 운반하는 운송 수단이다.

조 비테일은 최면을 연구하고 많은 책과 논문을 탐독했으며 언어 및 마케팅 전문가들로부터 가르침을 받았다. 그는 이 전문 기술을 활용하여 특정 제품이나 서비스를 구매하려는 소비자들을 설득하고 있다. 혹자는 마케팅이나 세일즈 범주가 심리요법 범주와 상호 배타적이라고 주장하기도 한다. 그러나 세일즈가 곧 심리요법이라 단언할 수는 없을지라도 심리요법의 범주에 속하는 것은 엄연한 사실이다. 나는 이런 흥미로운 과정과 그 역학 관계를 잘 알고 있다.

우리는 인식과 동기와 가치를 확인하고 비교하며 선택을 한다. 일반적으로 언어, 그중에서도 최면을 유도하는 언어는 인식 전환과 동기부여를 통해 만족스러운 선택을 이끌어낼 수 있다. 여기서 선택은 우리의 자유 의지를 그대로 표출한 것이다. 조 비테일은 우리 내면에 존재하는 이러한 원리와 역학 관계를 능숙하게, 그리고 효과적으로 알려주고 있다.

나는 '사랑'이라는 요소가 오랫동안 우리의 삶에 지대한 영향력을 미친다고 생각한다. 결국 우리 모두가 추구하는 것은 사랑이다. 사랑이 세상을 지배하기 때문이다. 그래서 윌리엄 로는 이렇게 말했다. "사랑은 절대 오류와 실수가 없다. 왜냐하면 모든 실수는 사랑의 부족이기 때문이다."

조 비테일은 이 책에서 많은 성과를 거두었다. 그는 본인의 시각이 아닌 독자의 시각에 맞추고 있다. 독자 입장에서는 한결 접근하기 쉬운 방식이다. 그는 훌륭한 선배들의 가르침을 그대로 답습하고 있다. 그는 현재 당신의 생활방식과 믿음과 일체감에 많은 도움을 줄 것이다. 또한 당신의 생각과 인식이 어떻게 바뀌어야 하는지, 목표에 접근하기 위해 어떠한 노력을 해야 하는지도 가르쳐줄 것이다.

이 책에서 조 비테일은 능수능란하게 최면 상태를 유도하고 있다. 그 결과 당신은 새로운 통찰력을 얻을 수 있을 뿐 아니라 최면 글쓰기를 더 심도 깊이 이해하게 될 것이다. 경험은 단순히 최고의 스승이 아니라 유일한 스승이다. 이 책을 통해 당신은 최면 글쓰기라는 새로운 경험을 하며 그 방법을 터득하게 될 것이다. 그러나 이러한 숙달 과정은 단순히 최면 글쓰기 이상의 의미를 가지고 있다. 자기 자신을 위한 최면 글쓰기 방식을 배울 수 있기 때문이다. 조 비테일은 자신을 흉내 내라고 주장하지 않는다. 그렇다고 기계적인 글쓰기를 원하는 것도 아니다. 그는 당신 내면의 창조성을 이끌어내는 방법을 알려준다. 조 비테일은 어떻게 그렇게 할 수 있을까?

이 책에는 무의식을 의식으로 만드는 방법에 관한 내용이 담겨 있다. 누군가 무의식이 의식이 되는 과정을 이미 경험했을지 모른다. 하지만 조 비테일은 단순히 많은 정보를 제공하는 것에 그치지 않고 당신의 인식을 확대시키는 방식으로 이 책을 전개하고 있다. 최면 글쓰기에 무의식의 과정을 이용하고 있다. 따라서 이 책을 다 읽으면 당신은 글쓰기의 새로운 원리를 이해하고 활용할 수 있을 것이다.

최면요법의 천재인 밀턴 에릭슨은 자신의 최면요법 과정을 충분히 설명하지 않았다. 그러나 많은 전문가들이 에릭슨의 최면요법 방식을 연구했고, 그 결과 많은 사람들이 그의 최면요법 과정을 이해하고 활용할 수 있게 되었다. 이 책에서 조 비테일은 효과적인 최면 글쓰기의 많은 특징들을 확인하고 설명하고 있다. 당신은 최면 글쓰기에 어떤 특징들이 존재하는지 더 이상 궁금해할 필요가 없다. 그가 명확하고 상세하게 알려줄 것이기 때문이다.

또 조 비테일은 비단 최면 글쓰기 방법뿐만 아니라 나만의 글쓰기 스타일을 개발하는 방법과 최면 글쓰기에 정통한 전문가들의 의견도 함께 제시한다. 당신을 최면 글쓰기의 세계로 안내하고 교육시키며, 좀 더 많은 가르침과 배움을 얻을 수 있는 곳으로 이끈다. 그리고 이러한 과정을 통해 당신은 최면 글쓰기 작가가 되는 요령을 터득할 수 있다. 한 가지 명심할 것이 있다. 절대 연습을 게을리하지 마라. 오직 꾸준한 연습만이 훌륭한 최면 글쓰기의 지름길이기 때문이다.

존 버턴
www.DrJohnBurton.com

CONTENTS

추천사 —— 004

역자 서문 —— 006

저자의 경고 —— 009

프롤로그 —— 014

PART 1 최면 글쓰기란 무엇인가?

1. 이제 깨어날 시간이다 —— 024

2. 스톱! 당장 이것부터 시작하라 —— 031

3. 불가능을 뛰어넘어라 —— 033

4. 최면 글쓰기를 위한 유용한 정보 —— 036

5. 시작 —— 038

6. 최면 글쓰기의 효과를 입증한 애거서 크리스티 —— 042

7. 최면 글쓰기를 위한 나만의 비법 —— 045

8. 내게 뇌물을 주더라도 이런 형편없는 편지는 읽을 수 없다! —— 049

9. 최면 글쓰기란 무엇인가? —— 054

10. 최면 글쓰기 - 사례 연구 —— **059**

11. 친근감 형성의 비밀 —— **067**

12. 카피보다 더 중요한 게 무엇일까? —— **070**

13. 매출의 차이를 가져오는 최면 글쓰기 —— **074**

PART 2 고객과 독자를 완벽히 내 편으로 만드는 법

14. 나는 어떻게 최면 글쓰기를 배웠는가? —— **088**

15. 최면이란 무엇인가? —— **095**

16. 행동을 유발하는 두 가지 방법 —— **098**

17. 당신의 웹사이트는 어떤가? —— **113**

18. 적당한 글의 길이는? —— **118**

19. 독자들이 알고 싶어 하는 것 —— **120**

20. 최면의 반복 효과 —— **125**

21. 최면 글쓰기의 이너게임 —— **129**

22. 가짜 설탕 역시 달콤하다 —— **140**

23. 뮤즈를 다가오게 하는 방법 —— **148**

24. 어떻게 독자의 관심을 잡아둘 수 있을까? —— **152**

25. 글을 살아 숨 쉬게 하라 —— **159**

26. 내게 고기를 달라! —— **167**

27. 세계 최고 최면술사에게 배우는 글쓰기 비법 —— **172**

28. 획기적인 글쓰기를 위한 놀라운 팁 —— **175**

29. 완벽할 필요는 없다 —— **179**

30. 독자를 내 편으로 설득하는 방법 —— **183**

31. 글을 예리하게 만드는 편집 비결 —— **192**

32. 자신의 글을 섹시하게 만드는 방법 —— **201**

33. 사람들은 어떻게 생각할까? —— **207**

34. 최면 스토리를 만드는 방법 —— **209**

35. 잠재고객의 마음속에 있는 '지휘본부'를 조종하는 방법 —— **218**

36. 항상 효과를 발휘하는 최면 지시 —— **224**

37. '바다 늑대'의 교훈 —— **231**

38. 터닝포인트 메시지 —— **235**

39. 모든 사람들이 항상 읽는 것 —— **239**

40. 자신의 의도를 드러내라 —— **241**

41. 설득력 있는 세일즈 스토리를 작성하는 나만의 비법은 무엇인지 알고 있나요? —— **247**

42. 최면성 있는 블로그 글쓰기 —— **249**

43. 기억을 환기시키는 스토리 —— **260**

PART 3 　실력 향상을 위한, 실전 최면 글쓰기

44. 평범한 글쓰기를 최면 글쓰기로 바꾸는 방법 —— **266**

45. 최면성 있는 헤드라인을 만드는 30가지 방법 —— **268**

46. 최면성 있는 머리글 —— **288**

47. 최면 퀴즈 —— **293**

48. 가장 중요한 나의 세 가지 비밀 —— **294**

49. 강아지 값은 얼마인가? —— **299**

50. 인식을 바꾸는 방법 —— **301**

51. 드디어 완성한 조 비테일 최면 글쓰기 공식 —— **309**

52. 새로운 최면 카피 체크리스트 —— **319**

53. 최면으로 설득하는 5가지 비밀 법칙 —— **322**

54. 최면 글쓰기에 관한 주요 저서들 —— **325**

55. 최면 글쓰기 공식 —— **331**

56. 당신의 도전 —— **334**

PART 1

최면 글쓰기란 무엇인가?

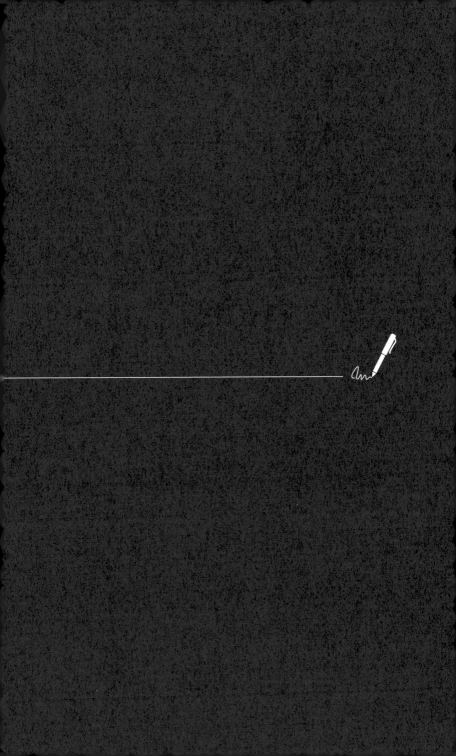

1.
이제 깨어날 시간이다

최면이라고 하면 아마도 이런 장면이 먼저 떠오를 것이다.

"당신은 점점 깊은 잠에 빠져들고 있습니다… 내가 하나부터 열까지 헤아릴 때 당신의 눈꺼풀이 점점 무겁게 느껴질 겁니다… 점점 무겁게….."

최면을 생각하면 십중팔구 이런 장면을 상상할 것이다. 최면은 누군가의 마음, 특히 무의식을 이완시켜 최면술사의 지시에 좀 더 순응하게 만드는 것이다. 최면은 논란의 여지가 있지만 효과적이다. 최면 글쓰기를 더 잘 이해하기 위해 역사부터 간략히 살펴보자.

시작은 트랜스 상태에 빠지는 것이었다

윌리엄 에드몬스턴의 『최면술 입문』에 따르면, 최면술은 고대 인도에서 처음 시작됐다. 그 후 기원전 5세기경 고대 그리스에서는 '잠의 신전'에서 병든 사람을 치료했다. 로마인을 비롯한 많은 고대인은 언어를 사용하여 주문을 걸었다. 또한 타인의 몸에 손을 대고 그 사람의 몸속으로 '자기磁氣 에너지'를 이동시켰다.

1756년 최면술의 아버지로 알려진 프란츠 안톤 메스머가 살롱을 개설했다. 그곳에서 환자들은 신체의 일부에 영향을 주는 자석을 몸에 붙였다. 나중에 파리로 이주한 메스머는 자신의 이론을 한층 더 발전시켜 폭발적인 인기를 끌었다. 그는 최면술 자체를 이용하진 않았다. 그 대신 무언가를 암시하는 단어를 사용했는데, 그것이 무의식적으로 환자들의 심리에 영향을 미쳤다.

1784년 루이 16세는 위원회를 발족시켜 메스머에 대한 조사를 명령했다. 벤저민 프랭클린, M. 라 기요틴, 앙투안 로랑 라부아지에 등이 위원회의 일원이었다. 그들은 '상상력을 지닌' 자력이 모종의 효력을 발휘한 것으로 결론 내렸다. 그러나 메스머의 자석 치료 이론은 신뢰를 잃었다.

르 마르키 드 퓌세그르는 자력이 치료사의 마음속에서 생성되어 손끝을 통해 환자에게 전달된다고 믿었다. 그는 이 방식을 통해 잠든 환자를 자신의 지시대로 움직이게 할 수 있다고 생각했다.

1841년 영국 의사 제임스 브레이드는 라 퐁텐이라는 프랑스인의 최면술을 목격했다. 거기서 강한 인상을 받은 그는 자신의 의료행위에 최면 기법을 사용하기 시작했다. 그는 랜싯 케이스를 이용하여 환자들을 '최면 수면'으로 유도했다. 환자들은 최면 상태에서 그의 암시를 받아들였다. 브레이드는 'Neurypnology신경수면'라는 용어를 고안했는데, 이는 그리스의 잠의 신 히프노스Hypnos에서 유래한 것이었다. 이것이 '최면hypnosis'이라는 단어를 사용한 최초의 사례다. 브레이드는 '트랜스 상태'와 말을 통한 암시를 믿었기 때문에 자력에 관심을 갖지 않았다. 그는 다양한 수술을 위한 마취에도 최면을 활용했다.

1884년에 프랑스이 앙브로와즈 오귀스트 리보 박사는 암시에 의한 최면 상태로 환자를 치료할 수 있다고 주장했다. 1886년에는 파리 출신의 베르넹 교수가 그의 의견에 동조했다. 두 사람은 자력 효과를 반박하는 저서인 『암시로부터De La Suggestion』를 출간했다.

1914년부터 1918년까지 1차 세계대전 당시 독일인들은 최면이 전쟁신경증 피해자들의 치료에 효과가 있다는 사실을 발견했다. 빌헬름 슐츠 박사는 '자율 훈련'이라는 체계적인 최면술을 고안했다.

2차 세계대전 이후에는 밀턴 에릭슨이 최면과 정신의 이해에 많은 영향을 미쳤다. 그는 최면이 심리 상태이며, 누구든 즉각적으로 또 빈번하게 최면에 빠져들 수 있다는 사실을 이론으로 정리했다. 그리고 에릭슨의 발자취를 따라 최면은 의사, 심리학자, 사업가 나아가 영업사원과 마케팅 사원이 활용하는 유용한 기법으로 발전했다. 최면은 자기 수양과 자기계발의 용도로도 활용되었다.

최면은 치료법이 아니라 치료를 위한 하나의 수단이다. 스트레스 통제, 스트레스 관련 장애, 진찰 시 불안, 마취, 산부인과는 물론이고 공포증과 불안증, 여타 의학 및 심리 장애 치료에 널리 활용되고 있다.

최근에는 전문적인 최면술사는 물론 치과의사, 일반의사, 치료 전문가들도 최면을 사용하고 있다. 1950년대 이후 미국의학협회는 최면을 정식으로 인가했다. 최면은 심리 장애와 신체장애 등 각종 장애를 가진 사람들에게 도움을 주고 있다.

최면 글쓰기

그러나 위 내용은 최면 글쓰기가 아니다. 당신은 독자들을 잠들게 하고 싶지 않을 것이다. 나 또한 마찬가지다. '최면 글쓰기'란 너무 매혹적이어서 거부할 수 없는 글쓰기를 의미한다. 지면에서 한시도 눈을 뗄 수 없게 만드는 글쓰기이자 아주 명확하고 간결하고 효율적이어서 글을 전부 다 읽게 만드는 글쓰기이다. 그리고 다른 무엇보다도 자신이 읽은 것을 기억하고 행동하게 만드는 글쓰기이다. 최면 글쓰기는 주문처럼 마음을 사로잡고, 기억에서 잊히지 않으며, 숨겨진 명령으로 가득 차 있다. 이것이 독자들을 잠들게 하는 것보다 훨씬 더 낫다. 그렇지 않은가?

살면서 한 번쯤은 최면 글쓰기를 접해 본 적이 있을 것이다. 마지막으로 편지나 책에 완전히 몰두한 때가 언제였는지 생각해 보라. 시간 가는 줄도 몰랐던 적이 있지 않은가? 누군가 당신에게 고함을 질러도 그 소리를 듣지 못한 적이 있지 않은가? 완전히 몰입하여 만사를 잊은 적이 있지 않은가? 사실을 말하자면 당신은 최면에 걸린 것이었다.

셰익스피어도 최면 글쓰기를 사용했다. 물론 셰익스피어 스스로 이런 명칭을 붙이진 않았지만 말이다. 피터 브라운의 저서 『최면을 일으키는 뇌Hypnotic Brain』에 따르면, 셰익스피어는 독자의 마음을 사로잡기 위해 『템페스트』 도입부에 최면 글쓰기를 사용했다. 그 작품은 난파를 당하는 장면으로 시작하는데, 그 때문에 독자들은 정신을 바짝 차리고 주의를 집중하게 된다. 이처럼 주의를 끄는 것이 최면의 핵심적인 요소이다. 셰익스피어가 바로 그렇게 했다. 그 장면 이후 대화로 이어지는데 독자는 주의를 기울여 그 대화를 경청한다. 이것이 '최면 명령'이다. 브라운은 이런 말을 덧붙였다. "그 스토리는 400년에 그랬던 것처럼 지금도 사람들의 마음을 사로잡으며 감동을 주고 있다."

어느 날 나의 독자 중 한 명이 최면성 있는 책을 읽고 금연을 하게 되었다고 주장했다. 그는 앨런 카의 저서 『손쉽게 금연에 이르는 방법』이 실제로 사람들을 각성시켜 중독에서 벗어나게 해준다는 말을 했다. 그 책을 거의 다 읽을 즈음에 비흡연자가 된다는 것이다. 지금까지 수백만 명의 금연에 도움을 준 것으로 보건대, 앨런 카의 최면 글쓰기는 아주 효과적인 것처럼 보인다. 많은 사람들이 단지 그 책을 읽는 것만으로도 금연에 도움을 받을 수 있다고 말했다.

내 친구들은 존 사노의『요통 치료Healing Back Pain』를 읽을 때에도 이와 똑같은 상황이 벌어진다고 말했다. 단지 책을 읽는 것만으로도 그들은 '통증의 트랜스 상태'에서 벗어나는 데 도움을 받았으며, 실제로 요통이 약해지거나 치료되는 많은 사례들이 있었다. 나 역시 사노의 신작『분열된 마음Divided Mind』을 읽는 동안 유사한 경험을 했다. 전통 의학의 힘을 믿는 단계에서 무의식의 힘을 믿는 단계로 옮겨가는 듯했다. 이것이 바로 최면 글쓰기의 힘이다.

만약 당신이 독자의 관심을 사로잡고 싶다면 최면 글쓰기 방법을 배워야 한다. 이 책에 담긴 내용이 바로 그것이다. 당신의 글쓰기를 변화시킬 원리와 방법을 알려줄 것이다. 라디오, 텔레비전, 컴퓨터게임, 비디오, 영화 등이 관심을 끄는 시대인 만큼 독자를 잡아둘 수 있는 글쓰기 법을 배워야만 한다.

최면 글쓰기 개념이 머릿속에 확고히 자리 잡으면 대다수 사람들이 관심을 보이는 메모, 편지, 광고, 보고서를 쓰는 것은 물론 책까지 집필할 수 있게 될 것이다. 최면을 걸듯 사람들의 마음을 사로잡는 글쓰기로 탁월한 작가가 될 수 있는 것이다! 당신은 경쟁자를 압도하고 독자들을 황홀하게 만드는 글쓰기 능력을 갖추게 될 것이다! 이런 새로운 능력을 갖추면 더 많은 성과를 올리며 더 높은 급여를 요구할 수도 있을 것이다. 요컨대 '최면 글쓰기'는 영향력 있는 성공적인 글쓰기로 당신의 강점이 될 것이다.

최면 글쓰기는 조작이 아니라 소통이다. 당신의 잠재고객이나 구매자들이 당신의 명령을 따르도록 트랜스 상태에 빠지게 하는 것이 아니다. 최면 글쓰기의 핵심 개념은 당신이 더 나은 소통을 할 수 있도록, 그렇게 하여 사람들을 더 잘 설득할 수 있도록 도움을 주는 것이다. 이 책을 읽다 보면 이런 개념이 더욱더 명확히 다가올 것이다.

당신은 준비가 되었는가?

"당신은 그 사람에게 그 무엇도 가르칠 수 없다. 단지 스스로 깨우치도록 도움을 줄 수 있을 뿐이다."

- 갈릴레오

2.
스톱!
당장 이것부터 시작하라

현재 당신은 세일즈레터, 이메일, 광고와 웹사이트 카피를 어떻게 작성하고 있는가? 아마도 이미 본인만의 글쓰기 전략을 가지고 있을 것이다. 그러나 최면 글쓰기를 해야겠다는 비장한 각오가 되어 있다면 자신이 처한 상황을 알고 있어야 한다. 요컨대 현재 자신이 구사하는 글쓰기 방식을 이해하고 있어야 한다. 그렇게 하면 최면 글쓰기를 익히는 과정이 한결 수월해질 수 있다.

다음 빈칸에 현재 당신이 구사하는 글쓰기 방식을 간략히 설명해 보자. 글쓰기 과정도 설명해 보자. 글쓰기 직전에 당신은 어떤 행동을 하고 있는가? 글쓰기 도중에는 어떤 행동을 하고 있는가? 글쓰기 이후에는 어떤 행동을 하고 있는가? 이 질문의 답을 적어 보자.

3.

불가능을 뛰어넘어라

방금 나는 6명의 자식과 35명의 손자 그리고 75명의 증손자와 10명의 고손자를 가진 한 여인에 관한 글을 읽었다. 그녀는 자신의 93회 생일을 축하하기 위해 비행기에서 점프하여 낙하산 비행을 했다. 정말 용기 있는 여인이다.

나는 불가능을 믿지 않는다. 상상할 수 있다면 무엇이든 가능하다는 것이 내 생각이다. 나의 전작 『돈을 유혹하라』의 주제이자 내 삶의 방식이기도 하다.

나는 '크게 생각하는 것'을 좋아한다. 또 '불가능한' 목표를 정하고 이를 달성한 사람들에 관한 글을 읽는 것을 좋아한다. 1마일을 4분 내에 주파한 로저 배니스터, 달에 인간을 보낸 NASA, 기금조달 편지를 보내 100퍼센트 응답을 얻어낸 브루스 바튼, 93세의 나이에 스카이다이빙을 시도한 여인 등등. 이들은 모두 우리 인간에게 한계가 없음을 증거로 보여주고 있다.

이와 관련된 이론이 심성 모형mental model이다. 요람 윈드와 콜리 크룩은 자신들의 저서『불가능한 사고의 힘』에서 "심성 모형이 우리 삶의 모든 면면을 형성하고 있다."라고 주장했다.

예를 들어 지금 나는 C. K. 프라할라드의 저서『피라미드 밑바닥의 부』를 읽으면서 브라질과 인도 등지에서 빈민들에게 도움을 주는 사람들과 기업들에 관한 실화에 무의식적으로 호감을 느끼고 있다.

인도의 아라빈드 안과병원은 고작 11개의 침대만 있는 소규모 시설에서 출발하여 지구상에서 가장 규모가 큰 안과병원으로 성장했다. 그들은 140만 명 이상의 환자를 돌보며 해마다 20만 건 이상의 시력 회복 수술을 시행하고 있다. 환자들 중 3분의 2는 전액 무료로 도움을 받고 있으며, 비용을 내는 환자들도 평균 75달러를 지불할 뿐이다. 맥도널드의 경영 스타일을 모델로 받아들인 이 병원은 저렴한 비용(혹은 무료)으로 신속한 치료를 제공하고 있다.

또 다른 사례도 있다. 카자스 바이어는 집집마다 방문하여 담요와 침대 시트를 팔던 개별 영업에서 출발하여 브라질 최대의 소매 체인점으로 성장했다. 전자제품, 가정용품, 가구를 판매하는 그들은 주로 가난한 고객들을 상대하며 저렴한 가격과 신용 할부를 제공하고 있다. 카자스 바이어 고객의 70퍼센트는 일정한 수입이 없는 빈곤 계층이다. 하지만 그들의 매출은 10억 달러를 상회하며, 고객들을 성심성의껏 대하고 있다.

나는 우리들 대다수가 '폭넓은 사고'를 하고 있다고 생각하지 않는다. 사고의 폭을 넓히고 싶다면, 방금 언급한 프라할라드의 저서나 윈드와 크룩의 저서『불가능한 사고의 힘』을 추천하고 싶다.

윈드와 크룩은 심성모델이 우리에게 방해가 될 수도 있고, 도움이 될 수도 있다고 주장한다. 가난한 이들에게 도움을 베풀어 봤자 아무런 이득도 되지 않는다는 사고는 편협한 심성모델이다. 그렇다면 당신은 무엇을 성취하고 싶은가? 당신의 '불가능한' 꿈은 무엇인가? 실패하지 않는다면 당신은 무엇을 원하는가? 이 질문에 대한 모든 답을 여기에 적어 보자.

_____

_____

_____

_____

_____

4.

최면 글쓰기를 위한
유용한 정보

나는 거의 40년 동안 글쓰기를 해왔으며, 30년 이상 글쓰기를 가르쳐왔다. 또한 글쓰기에 관한 책을 수백 권 넘게 읽었고 10여 권의 책을 직접 집필했으며, 수십 년 동안 글쓰기에 관한 강연을 했다.

물론 내가 글쓰기에 관해 모든 것을 다 알고 있는 것은 아니다. 게다가 평생에 걸친 교육과 경험을 토대로 수개월 동안 밤낮을 가리지 않고 집필했다 하더라도 독자가 알고 싶어 하는 모든 정보를 이 책 한 권에 다 담을 수도 없는 노릇이다.

따라서 나는 글쓰기에 관한 다른 책들도 같이 읽어달라는 말을 꼭 전하고 싶다. 나의 메인 웹사이트 www.mrfire.com에는 많은 글이 실려 있다. www.Amazon.com에서 글쓰기에 관한 도서를 검색하는 것도 많은 도움이 될 것이다.

어쨌든 당신이 알고 싶은 것이 최면 글쓰기라면 당연히 이 책을 읽어야 할 것이다. 동시에 다음 두 자료도 참조해야 한다.

1. 최면 글쓰기 마법사 소프트웨어

  http://www.HypnoticWritingWizard.com

2. 최면 글쓰기의 전자책 자료

  http://www.HypnoticLibrary.com/g.o/10368

나는 이 책을 되도록 이해하기 쉽게 쓰려고 노력했다. 최면 글쓰기를 쉽게 이해하여 실행에 옮길 수 있도록 말이다. 이제부터는 독자의 몫이다. 시작할 준비가 되었는가?

5.
시작

"나의 목표는 내가 보고 느낀 것을 최대한 간결하게 지면에 옮기는 것이다."

- 어니스트 헤밍웨이(1899-1961)

혹자는 나를 최면 글쓰기의 창시자로 여기고 있다. 이 주제와 관련하여 내가 최초로 책을 쓴 것은 사실이다. 하지만 다음 자료를 통해 '최면을 걸 수 있도록' 글 쓰는 방법을 배웠다는 사실을 실토하지 않을 수 없다.

잭 런던, 마크 트웨인, 셜리 잭슨과 어니스트 헤밍웨이의 글을 읽고 웃고 울면서, 나는 그들의 능수능란한 언어 구사 능력에 무릎을 치며 탄복했다. 그들은 어떻게 그렇게 놀라운 글쓰기를 할 수 있었을까? 우리는 위대한 작가들이 사용하는 것과 동일한 철자와 어휘를 가지고 있다. 그럼에도 대다수 평범한 사람들은 위대한 작가들과 달리 형편없는 글을 쓸 뿐이다. 대체 어떤 차이가 있는 걸까?

나는 로버트 콜리어나 브루스 바튼 그리고 존 캐플스가 작성한 세일즈레터도 읽었다. 그들은 경제적 불황기임에도 불구하고 잠재고객의 관심을 유도하여 구매 행위를 이끌어 냈다. 나는 어떻게 그것이 가능한지 궁금했다. 이 유명한 카피라이터들은 어떻게 고객의 관심을 불러일으켰을까? 어떤 식의 글쓰기를 사용했기에 사람들의 마음을 움직이는 데 성공한 걸까?

호기심이 발동한 나는 이 두 가지 유형의 글쓰기에 대한 조사에 나섰다. 수년 동안 나는 대학에서 문학을 공부했다. 영문학과 미국문학은 부전공이었다. 내가 좋아하는 작가는 나다니엘 호손, 허먼 멜빌, 잭 런던, 마크 트웨인, 윌리엄 사로얀 등이었다.

나는 글쓰기를 위해 노력하면서 소설과 희곡과 시를 썼는데 제법 소질이 있었다. 발표한 작품도 여러 편이 있다. 1979년에 휴스턴에서 연출된 〈로버트 인터뷰〉도 내가 쓴 희곡으로 제1회 휴스턴 극작가 페스티벌에서 수상한 작품이다. 수년 후 나는 카피라이트를 공부하기 시작했다. 인쇄된 마케팅 책에서부터 절판된 수집본까지 손에 잡히는 대로 무엇이든 읽었다. 특히 『로버트 콜리어 레터북』은 내 인생의 전환점이 되었으며, 존 캐플스의 작품들은 내 시야를 넓혀주었다.

나는 배운 것을 그대로 실행에 옮겨 세일즈레터를 작성했다.

가끔은 쓰라린 실패를 맛보기도 했지만 눈부신 성공을 거둔 적도 많았다. 가령 '소우트라인'과 DOS 프로그램을 위해 작성한 당시의 세일즈레터는 오늘날까지 사람들에게 회자될 정도다.

결론적으로 이 두 세계를 경험한 나는 훗날 '최면 글쓰기'로 이름 붙인 글쓰기를 처음으로 대중에게 소개할 수 있었다. 물론 이것이 하룻밤에 얻은 결실은 아니다. 최면 글쓰기의 비법이 무르익기까지 어언 20년의 세월이 걸렸으니 말이다. 『무한판매력』을 읽은 후 비로소 나의 작업은 완성된 형태를 갖추기 시작했다.

그 무렵 나는 최면 글쓰기의 시발점이 되는 책을 집필하기 시작했다. 1990년대에 휴스턴에 있는 회의실에서 그 책을 팔았다. 나중에 그 책이 나의 첫 전자책이 되었다. 지금은 『꽂히는 글쓰기』라는 타이틀이 붙어 있다.

일반적으로 최면 글쓰기는 독자의 관심을 사로잡는 글쓰기를 말한다. 최면학자들은 이를 '각성 트랜스'로 부른다. 존 버튼은 자신의 저서 『최면 언어』에서 이렇게 적고 있다. "모든 커뮤니케이션은 상대를 최면 상태로 유혹한다."

여기서 주목할 것은 개인을 최면 상태로 '유혹한다'는 표현이다. 당신은 글을 쓰지만 자칫 사람들을 지루하게 할 수 있다. 사람들을 유혹하지 못하면 그렇게 된다. 당신은 누군가에게 말을 걸어 최면 상태에 빠지게 할 수 있다. 하지만 당신의 말이 지루하다면 그들은 관심을 보이지 않을 것이다. 그래서 내가 정의하는 최면 글쓰기에는 이런 의미가 담겨 있다.

"최면 글쓰기는 잠재고객들이 당신의 제품과 서비스를 구매하는 심리 상태에 이르도록 의도적으로 특정한 단어를 사용하는 것이다."

카피라이터와 마케팅 컨설턴트로 활동하면서 내가 구사한 글쓰기 유형은 주로 세일즈를 위한 것이었다. 고객의 주머니에서 돈이 나오도록 그들의 관심을 끌어들이는 글쓰기이다.

그렇다고 액면 그대로 받아들일 필요는 없다. 나는 결과 지향적인 사람이다. 보나 마나 당신은 세일즈를 위한 글쓰기 방법을 알고 싶을 것이다. 그렇지 않다면 이 책을 읽을 하등의 이유가 없다.

솔직해지자. 당신은 잠재고객이 당신의 제품이나 서비스 구매에 나설 수 있게 해주는 글쓰기 방법을 알고 싶어 한다. 그렇다고 주술을 하거나 약장수처럼 가짜 약을 팔고 싶진 않을 것이다. 당신은 자신의 제품이나 서비스를 신뢰하고 있다. 당신은 사람들에게 도움을 주고, 그것으로 돈을 벌고 싶을 뿐이다. 그렇지 않은가? 나도 마찬가지다!

6.
최면 글쓰기의 효과를 입증한
애거서 크리스티

추리 소설가 애거서 크리스티는 정말 독자들에게 최면을 걸었을까? 2005년 12월에 방영된 텔레비전 다큐멘터리에 따르면 저명한 과학자들이 애거서 크리스티의 작품 80권을 연구했다. 연구 결과, 독자의 뇌에서 화학적 반응을 유발하는 단어를 작가가 규칙적으로 사용한다는 사실이 밝혀졌다.

'애거서 크리스티 프로젝트'로 불리는 이 연구에서는 크리스티의 소설을 컴퓨터에 입력하여 그녀가 사용한 단어와 구문과 문장을 분석했다. 과학자들이 내린 결론은 그녀가 사용한 문장이 쾌감 반응을 유발한다는 것이었다. 대중이 마치 중독된 것처럼 그녀의 작품을 반복적으로 찾게 되는 이유가 바로 이것이었다.

크리스티는 최면요법사와 심리학자들이 구사하는 것과 유사한 기법을 문학 작품에 사용하고 있었다. 독자에게 최면을 일으키는 이 기법을 통해 최면 글쓰기의 원리가 실제로 효과가 있음을 알 수 있다. 크리스티가 사용하는 일반적인 구문들이 세로토닌과 엔도르핀(쾌감을 유발하는 뇌의 신경전달물질)의 수치를 끌어올리는 기폭제 역할을 한다는 사실도 밝혀졌다.

나는 오랜 기간 이 사실을 사람들에게 설명했다. 특정한 단어와 구문은 사람들에게 무의식적으로 영향을 미친다. 그리고 사람들은 이를 의식하지 못한 채 반응한다. 지난 30년 동안 나는 이를 근거로 세일즈레터와 웹사이트의 글쓰기를 향상시킬 수 있는 방법을 사람들에게 알려주었다. 아무튼 애거서 크리스티가 자기 책으로부터 '눈을 떼지 못하게' 하려고 최면 글쓰기를 활용했다는 데는 의심의 여지가 없다.

애거서 매리클래리사 크리스티는 아마도 전 세계에서 가장 널리 알려진 소설가일 것이다. 그녀는 영어로 20억 권이 넘는 소설을 판매한 베스트셀러 작가로 기네스북에 등재되어 있다. 분명 최면 글쓰기는 그녀 자신에게도 도움을 주었을 것이다. 과학자들은 크리스티의 글쓰기에 대해 이런 기록을 남겼다. "최면을 거는 방식으로 크리스티가 반복적으로 사용한 단어나 구절들은 쾌감을 유발하는 뇌 부위를 자극했다."

조지 가프너는 자신의 저서『표준 심리요법과 공인받은 최면을 위한 최면기법Hypnotic Techniques for Standard Psychotherapy and Formal Hypnosis』에서 특정 단어들이 사람들을 최면 상태에 빠지게 한다고 주장했다. 다시 말하지만 이것은 내게 새로운 소식이 아니다.

두뇌 활동에 영향을 주는 단어와 구절들은 이미 마케팅 분야에서도 활용되고 있다. 이러한 단어와 구절들이 구매 활동을 유도하기 때문이다. 그렇다면 당신은 이런 단어와 구절들을 알고 있는가?

십중팔구 모르고 있을 것이다. 하지만 이 책에서 그것을 알려주는 것은 아니다. 최면 글쓰기는 눈에 잘 띄지 않는다. 반복적으로 연습을 하지 않는 한 실제로 눈에 보이지 않기 때문이다. 대다수 독자들은 읽고자 하는 욕구만 있을 뿐이다. 따라서 이 책을 잘 활용하면 최면 글쓰기를 통해 잠재고객들의 구매 욕구를 이끌어 낼 수 있다.

애거서 크리스티는 최면 글쓰기를 이용하여 대중이 무의식적으로 본인의 책을 구매하게 만들었다. 마찬가지로 당신도 오직 단어만 가지고 잠재고객들이 당신의 제품이나 서비스를 구매하게 만들 수 있다. 이제 당신은 이 책을 통해 그 비결을 배우게 될 것이다.

7.

최면 글쓰기를 위한
나만의 비법

누군가 당신에게 다음과 같은 메시지를 전했다고 상상해보자.

"Riguardo a gli dice il mio segreto di dollaro di millione per scrivere di copia di vendite. Qesto e qualcosa non ho mai detto nessuno altro nel mondo intero. Lo diro giustamente adesso, se lei promette atiene quest'un segreto. Stato d'accordo?"

당신은 이 메시지에 별로 관심이 없을 것이다. 생소하고 혼란스러울 것이다. 외국어라는 느낌은 들겠지만 이탈리아어를 모르기에 이 언어와 메시지를 그저 짐작할 뿐이다. 그렇다면 이제 어떻게 해야 할까?

당연히 이 메시지를 번역해야 한다. 어떻게 번역할까? 온라인 번역사이트를 방문하여 이 텍스트를 입력하여 번역기를 돌려보자. 실제 의미는 다음과 같다.

"이제 당신에게 판매 광고문에 대해 내가 가지고 있는 100만 달러짜리 비결을 알려주려 합니다. 아직까지 이 세상 어느 누구에게도 들려준 적이 없는 비결입니다. 하지만 이것을 비밀로 한다고 약속한다면 지금 당장 알려드리겠습니다. 약속하시겠습니까?"

지금은 이 메시지의 의미를 한눈에 알 수 있을 것이다. 물론 당신은 이 메시지가 전하는 것을 그대로 받아들여 실행에 옮길 수도 있고, 그냥 무시할 수도 있다. 하지만 최소한 지금 이 순간 당신은 이 메시지와 소통하고 있다.

그렇다면 이런 번역이 세일즈레터, 광고, 보도자료를 위한 최면 글쓰기와 대체 무슨 관련이 있는 걸까? 간단히 말하자면, 이러한 메시지 번역은 세일즈 카피를 쓰는 나의 행위와 정확히 일치한다. 누군가 내게 새로 출시된 소프트웨어 프로그램에 관한 기술적 매뉴얼(소프트웨어에 대한 세일즈레터 작성)을 건넨다면 내가 하는 작업이 바로 그 매뉴얼을 번역하는 것이다.

요컨대 나는 웹사이트의 언어 번역과 똑같은 작업을 하고 있다. 나는 소프트웨어에 관한 매뉴얼을 보고 소비자에게 유용하다는 생각이 들게끔 그것을 번역한다. 어떻게 보면, 이탈리아인들을 위해 이탈리아어 글을 쓰는 것처럼 매뉴얼은 기술 전문가들을 위해 작성한 것이다. 나는 기술 전문가들을 위한 매뉴얼을 대중을 위한 매뉴얼로 번역한다. 그래야 당신이 이해할 수 있기 때문이다. 내가 관심을 갖지 않으면 당신도 관심을 갖지 않을 것이다.

최근 나는 광고 전단 카피를 완성하는 작업을 맡은 적이 있다.

고객은 초안을 내게 건넸다. 무난하게 잘 만든 초안이었다. 거기에는 이런 구절이 있었다.

"당신이 마지막으로 만족스러운 기분을 느낀 때는 언제였습니까?"

딱히 문제는 없어 보였다. 하지만 나는 그 문장을 좀 더 의미 있고, 이해하기 쉽고, 감정에 호소하는 문장으로 바꾸고 싶었다. 그래서 딱 한 부분을 고쳤다.

"당신은 마지막으로 환상적인 기분을 느낀 때가 언제였습니까?"

수정한 구절은 사람들에게 좀 더 쉽게 전달되었다.

또 다른 사례로 감정 억제의 개념과 그것이 얼마나 해로울 수 있는지 설명하는 광고 카피가 있었다. 그들이 구사한 단어들은 이탈리아어 단어처럼 흠잡을 데가 없었다. 하지만 대중이 알아듣는 방식으로 쉽게 소통이 되지 않았다. 그래서 나는 문장을 이렇게 고쳤다. "감정 억제는 폭탄을 쌓아두는 것입니다. 당신이 감정을 묻어두면 그 감정은 해소되지 않고 계속 쌓일 뿐입니다."

어떤 차이가 있는지 눈에 보이는가? 나는 카피를 작성할 때마다 이런 방식을 이용한다. 내게 전달된 문구를 구체적이고 명료하고 유용한 문구로 바꾸는 것이다. 내게는 이것이 실제로 언어를 번역하는 과정처럼 느껴진다. 내친김에 말하자면, 새로운 언어를 익히는 것처럼 이 과정에 능숙해지려면 많은 시간이 필요하다.

지난 달 나는 한 여성의 책 출간을 위한 자료 작성 작업을 했다. 헤드라인으로 "더 나은 커뮤니케이션 방법을 설명하는 새로운 책"을 뽑았다. 그러나 이것은 아직 번역하지 않은 이탈리아어와 같은 느낌이었다. 대다수 편집자들이 원하는 감동적인 문구가 아니었다.

저자에 관해 좀 더 조사한 후 나는 그 헤드라인을 "나만의 성공 비결을 알려주는 여성 펜타곤 자문관"으로 고쳤다. 후자가 훨씬 더 흥미를 불러일으켰다. 내가 한 일이라고는 그녀의 책을 뉴스로 전달한 것이 전부였다. 이탈리아어를 영어로 바꾸고, 영어를 감동으로 바꾸고, 단어를 영향력으로 바꾸는 식이었다.

그렇다면 유능한 '카피 번역가'가 되는 비결은 무엇일까? 마케팅에 관한 수많은 책들에 그 비결이 실려 있을 수 있다. 하지만 내가 인용한 것은 1965년에 출간된 로버트 콘클린의 저서 『자석처럼 끌어당기는 성격의 힘』에 적힌 한 구절이었다.

"간단히 말하면 이런 의미다. 사실을 진술할 때마다 그 사실이 타인에게 이득이 되는 방식으로 설명하는 것이다."

이제 당신이 선택해야 할 방식이 바로 이것이다. 수년 동안 나는 "내 자아에서 빠져나와 독자의 자아로 들어가라"고 거듭 강조했다. 내가 말하고자 하는 것은 독자들이 알아들을 수 있는 쉬운 단어와 개념으로 바꾸라는 것이다.

8.
내게 뇌물을 주더라도
이런 형편없는 편지는
읽을 수 없다!

1994년에 나는 열 명의 사람들을 대상으로 최면 판매와 최면 글쓰기에 관한 워크숍을 진행한 적이 있다. 수강료는 1인당 5,000 달러였다. 나는 다음 일화를 들려주며 워크숍을 시작했다.

"어제 나는 페덱스를 통해 어떤 소포를 받았습니다. 소포와 함께 동봉된 편지를 읽고 싶었지만 페덱스로 배송되었기 때문에 그 자체로 조심해야 했습니다. 거기엔 20달러짜리 지폐도 첨부되어 있었습니다. 이 역시 주의를 요할 만한 일이었습니다. 나는 편지를 읽기로 했습니다. 이렇게 시작하는 편지였습니다."

친애하는 조 비테일 씨에게

제게 오직 귀하에게만 알려주고 싶은 한 가지 제안이 있습니다. 한두 주 안에 귀하에게 20달러짜리 지폐를 다발로 수북하게 안겨줄 수 있는 정말 기막힌 제안입니다. 일단 제안을 말하기에

앞서 왜 이런 편지를 보내는지 그 이유부터 설명할까 합니다.

저는 지금 곤경에 처해 있으며, 이달 말이 되기 전에 1만 달러를 만들어야 합니다. 여기에는 세 가지 이유가 있습니다. 첫 번째는 가까운 친구와의 약속을 지켜야 한다는 것입니다. 사막에 위치한 부대에서 친구가 귀환하기 전에 내가 오토바이를 갖고 있기로 약속했습니다. 두 번째는 돈 문제와 관련하여 제가 몇 가지 잘못된 결정을 내렸다는 것입니다. 지금 저는 몹시 돈에 쪼들리고 있습니다. 한마디로 빈털터리입니다. 세 번째는 이달 13일부터 29일까지 제가 휴가를 보내야 한다는 것입니다. 저는 이 기간에 뭔가를 하고 싶습니다. 하다못해 포트워스에 있는 조부모님이라도 방문하고 싶습니다. 그리고 그곳에서 즐거운 시간을 보낼 수 있을 정도로 돈도 충분히 있었으면 좋겠습니다.

그는 자신이 거주하고 있는 곳을 알려주었다. 그리고 나와 합작 사업을 하고 싶다는 견해를 밝혔다. 그는 본인을 마케팅 전문가로 소개하면서 그의 서비스를 원하는 고객들을 위해 내 고객 리스트로 우편을 보내고 싶다고 말했다.

저는 의뢰비를 선불로 청구할 것입니다. 수임료는 5천 달러에서 2만 5천 달러 사이로 고객들에게 얼마나 많은 수익을 가져다주느냐에 따라 차이가 납니다. 이는 창출된 수익의 5퍼센트에서

50퍼센트에 해당하는 금액으로 최종 단계의 수익 기준으로 정해
질 것입니다.

저는 귀하에게 총 이익의 50퍼센트를 드릴 생각입니다.

그는 편지를 마치면서 자신에게 전화해줄 것을 부탁했다. 그리고 본인의 이름과 전화번호를 내게 남겼다. 추신도 남겼다.

이 편지에 20달러 지폐를 동봉한 이유가 궁금하실 텐데, 그것
은 제가 몇 주 안에 20달러 지폐 다발을 귀하에게 보낼 수 있기를
희망하기 때문입니다.

편지를 읽은 후 나는 실내에 있는 열 명의 사람들을 둘러보며 이렇게 물었다. "이것은 최면에 걸리게 하는 편지일까요?" 그렇다는 사람도 있었고, 그렇지 않다는 사람도 있었고, 답변을 망설이는 사람도 있었다. 그들은 내 생각을 물었다. "당신은 어떻게 생각하나요? 최면에 걸리게 하는 편지인가요?"

당연히 나는 그렇게 생각하지 않았다. 한마디로 형편없는 편지였다. 나는 그가 동봉한 20달러 지폐를 되돌려 보냈다. 그가 빈털터리라고 말했기 때문이다. 그나마 내가 그 편지를 불태우지 않은 유일한 이유는 그의 주소가 필요했기 때문이다.

왜 그의 편지는 최면에 걸리게 하는 편지가 아니었을까? 먼저 나는 그의 편지가 내 관심을 끌었다는 사실에 주목했다. 이것은 좋은 광고문 작성에서 핵심 요소 중 하나다. 그는 페덱스를 통해 내게 편지를 보냈다. 이것도 매우 중요하다. 그리고 20달러를 동봉했다. 이것도 시선을 끌기에 충분하다. 편지의 첫 출발은 그럴 듯해 보였다.

제게 오직 귀하에게게만 알려주고 싶은 한 가지 제안이 있습니다. 한두 주 안에 귀하에게 20달러짜리 지폐를 다발로 수북하게 안겨줄 수 있는 기막힌 제안입니다.

이만하면 제법 훌륭하다. 그는 내게 말을 걸고 있다. 그러나 그 다음부터는 오직 자신의 이야기뿐이다. 첫 번째 진술은 오토바이를 사고 싶다는 취지의 이야기였다. 그에게 오토바이가 필요한지 여부는 내 관심사가 아니다. 그는 친구와 약속했기 때문에 오토바이를 사고 싶어 했다. 그의 친구와의 약속 역시 내 관심사가 아니다.

두 번째 진술은 돈과 관련하여 그가 좋지 않은 결정을 내렸다는 것이다. 나는 그런 사실에 관심이 없다. 혹여 그가 다른 식으로 말했다면 관심을 보였을지도 모른다. 그러나 파산으로 빈털터리인 사람은 세상에 널리고 널렸다. 그는 자신이 빈털터리이며 지금 당장 할 수 있는 일을 원한다고 말했다.

세 번째 진술은 휴가를 보내고 싶다는 이야기였다. 나는 그의 휴가에 관심이 없다. 그는 자신의 휴가를 이용해 돈을 벌고 싶다고 했다. 그리고 우편을 보내 달라고 내게 부탁했다. 그는 자신을 마케팅 전문가라고 주장했다. 도대체 그가 마케팅 전문가라는 증거가 어디에 있단 말인가? 의심을 사기에 충분하다.

이 남자는 자신이 무슨 이야기를 하고 있는지조차 모르고 있다는 생각이 든다. 그럼에도 내 고객 리스트에 있는 사람들에게 마케팅 대가로 5천 달러에서 2만 5천 달러까지 청구하고 싶어 했다. 그런데 그건 내가 전문적으로 하는 일이 아닌가! 그에게 내 고객들을 넘겨주고 돈을 절반으로 나눌 이유가 있을까? 어차피 모두 내게 돌아온 돈인데 말이다.

도무지 이치에 맞지 않는 제안이었다. 물론 '20달러 지폐를 동봉한 이유가 궁금할 수 있다'는 추신과 함께 그는 내가 더 많은 돈을 벌 수 있도록 도움을 주고자 한다고 했다. 아주 그럴듯한 발상이다. 하지만 아무짝에도 쓸모가 없다. 순전히 자신의 이익만을 도모하는 그의 진술이 나의 신뢰를 잃었기 때문이다.

최면 글쓰기로 작성된 편지라면 당연히 그가 아니라 내게 관심이 집중됐어야 했다. 똑같은 이유로 당신이 꼭 기억해야 할 문장이 있다.

"내 자아에서 빠져나와 독자의 자아로 들어갈 때 최면 글쓰기가 진행된다."

9.
최면 글쓰기란
무엇인가?

최근 나는 세계적 규모의 최면술 회의에서 강연을 했다. 전 세계에서 모인 2천 명의 최면학자들이 최면 글쓰기 강의를 듣기 위해 회의장을 찾았다. 나는 최면 글쓰기가 일종의 '각성 최면'이라는 점을 강조하여 말했다.

원래 '각성 최면'은 1924년 웨슬리 웰스가 고안한 용어로 1929년『이상 심리학 개론』을 통해 처음 발표됐다. 웰스는 의식이 있는 수면 상태의 최면과 깨어 있는 집중 상태의 최면을 구분하려고 했다. 다시 말해 누군가 눈을 감고 있긴 하지만 깨어 있는 상태를 전통적인 최면이라 한다면, 웰스가 주장하는 최면은 눈을 뜨고 있기는 하지만 지속적으로 최면의 암시를 받는 상태를 말한다.

훗날 데이브 엘먼은 자신의 저서『최면요법』에서 각성 최면을 "트랜스 상태 없이 최면 효과를 얻을 경우 이것을 각성 최면이라 한다."라고 정의했다.

각성 최면은 마술이나 신비주의가 아니다. 흥미진진한 영화에 몰두하거나 재미있는 책에서 눈을 떼지 못하는 것 또는 몇 시간 동안 고속도로를 따라 운전하면서 '아무 생각이 없는 것'과 같은 상태를 말한다. 이런 경우에 당신은 깨어 있는 각성 트랜스 상태에 빠진다.

각성 트랜스 상태에서는 주의를 집중한다. 눈앞에 보이는 것에만 정신을 집중하되 다른 모든 것을 배제한다. 재미있는 책을 읽을 때 당신은 가벼운 트랜스 상태에 빠진다. 하지만 눈을 뜨고 있기 때문에 이런 상태를 '각성 트랜스'라고 부른다.

1956년 익명의 최면학자가 자신의 유명한 통신판매 강좌인 '다이나믹 스피드 최면'에서 이렇게 주장했다. "당신이 듣는 사람의 마음속에 심어놓은 정신적인 이미지로 그들을 반응하게 만드는 것이 바로 최면 글쓰기이다!"

물론 독자와 내가 원하는 최면 글쓰기는 판매에 초점을 맞춘 글쓰기이다. 그래서 나는 최면 글쓰기를 이렇게 정의한다. "최면 글쓰기는 당신의 제품이나 서비스를 구매할 의향이 생기는 심리 상태로 사람들을 이끌기 위해 의도적으로 단어들을 사용하는 것이다."

다시 말하지만 최면 글쓰기는 일종의 '각성 최면'이다. 다른 모든 것들을 배제하고 오직 자신이 읽은 것에만 몰두하는 트랜스 상태에 빠지게 하는 글쓰기이다.

최면 글쓰기는 정신적인 경험을 이끌어내는 데 적절한 단어를 구사하면서 트랜스 상태를 유발한다. 그러면 대중은 특정한 웹사이트나 이메일 또는 세일즈레터에 유독 많은 관심을 보이게 된다. 만약 당신이 올바른 최면 글쓰기를 구사한다면 독자들의 구매 행위를 유도할 수 있을 것이다. 먼저, 최면 글쓰기의 사례부터 살펴보자.

우선 눈앞에 마사지 펜이 하나 있다고 상상해 보자. 기본적으로 평범한 펜이지만 피부에 대고 누르면 마사지 효과를 얻을 수 있다. 그리 대단한 것은 아니지만 이 펜을 판매하려면 카피를 어떻게 작성해야 할까? 다음은 웹사이트에서 마사지 펜에 관해 설명하는 부분이다.

〈제품 설명〉
- 자체적으로 마사지 기능을 갖춘 독특한 금속 볼펜
- 견고한 금속 구조
- 매력적인 디자인
- 특허를 받은 마사지 기능
- 리필 가능한 잉크
- 배터리 포함

이것이 과연 최면 글쓰기일까? 그렇게 보이지 않는다. 제품에 관한 이 설명은 사실을 기술하고 있다. 하지만 일반 대중이 이런 사실들에 딱히 관심을 보일 만한 이유가 없다. '지루함'만 느낄 뿐이다. 다음은 마사지 펜을 가지고 재기 발랄한 카피라이터들이 작성한 카피다.

상상해 보세요. 셔츠 주머니에 앙증맞은 마사지기를 담고 다니는 당신의 모습을. 당신이 원하면 언제든지 피곤한 근육을 달래고 긴장을 풀어주는 미니 마사지기를 주문할 수 있습니다.

자, 이 작은 마사지기에 펜이 붙어 있고 배터리로 가동된다고 상상해 보세요. 이제 당신이 만나게 될 것은 단순히 머리에 마사지기가 달린 미니어처 모형이 아니라 최고의 기능을 가진 첨단 제품입니다. 세계 최초로 마사지 기능을 갖춘 펜을 소개합니다!

이것은 최면 글쓰기일까? 당연히 최면 글쓰기다! 왜 당신은 이것이 최면 글쓰기라고 생각하는가? 이 질문에 대한 답을 적어보자.

10.
최면 글쓰기
- 사례 연구

내 친구인 피터 시걸은 내게 다음 카피를 보여준 적이 있다. 자신의 웹사이트에서 올리고 싶어 하던 카피였다.

가장 성공적인 최면요법사들이 왜 당신과 같은 사람들로 하여금 놀라운 발전을 경험할 수 있게 하고, 엄청난 이득을 얻을 수 있도록 도움을 주는지 그 이유를 발견하십시오!

지난 26년 동안 "평범에서 비범으로 변하도록 내가 당신을 도울 겁니다"라는 그의 주장은 세계적으로 수백만 명의 사람들이 놀라운 인생의 변화를 경험할 수 있도록 도움을 주었습니다.

그는 당신의 자신감을 키워주고 수입을 증대시키며 일상에서 최고의 성과를 얻을 수 있게 해줄 것입니다. 지금부터 다중인격 개발 시스템이 확실히 효과가 있다는 그의 주장을 확인하게 될 것입니다. 그리고 인생을 긍정적으로 만드는, 간단하면서도 경이로운 인격 변화를 체험하게 될 것입니다. (계속 읽어 주시길!)

당신은 매일매일 자신이 원하는 모든 것, 자신이 믿는 모든 것을 실현하면서 성공을 향해 나아가고 있습니까? 그렇지 않다면 왜 그럴까요?

당신에게 진정 필요한 성공, 즉 당신의 인생에서 부유해지려는 자신감, 동기, 집중력과 능력이 있습니까? 그렇지 않다면 왜 그럴까요?

개인적인 성장과 성공을 위해 자질을 발휘할 수 있게 해주는 사고방식을 가지고 있습니까? 그렇지 않다면 왜 그럴까요?

설령 당신이 '열심히' 일하고, '열심히' 시도하고 꾸준히 노력한다 할지라도 이전과 별 차이가 없는 것처럼 보이나요? 그렇다면 왜 그럴까요?

다른 사람들은 자부심과 즐거움이 넘치고 부유하고 성공적인 인생을 살아가는 것처럼 보이는 반면 당신의 개인적인 발전과 재정적인 목표 달성은 갈피를 잡지 못하는 것처럼 느껴지나요? 그렇다면 왜 그럴까요?

당신의 노력 덕분에 삶이 점점 더 부유해지고 있습니까? 그렇지 않다면 왜 그럴까요?

이쯤에서 잠시 상상해 봅시다. 당신이 진정 원하는 대로 이런 모든 과정이 순조롭게 진행되었다면 얼마나 멋진 인생을 살았을지 말입니다. 그러나 지금 이 순간 당신은 생각 이상으로 많은 것을 할 수 있습니다. 그 이유는 이렇습니다.

지금부터 당신은 성공에 이르는 심리적 요소들을 완벽하게 통제하게 될 겁니다. 이것이 가능할까요? 결단코 가능합니다! 다음 목록이 당신 인생에서 원하는 특징이 될 수 있는지 확인해 보십시오.

☐ 넘치는 자신감이 있는가?

☐ 꺾이지 않는 자존심이 있는가?

☐ 확고한 자부심에서 나오는 대담성과 솔직함이 있는가?

☐ 수입 증대와 재정적 목표를 결정할 능력이 있는가?

☐ 성공적인 결과를 가져오는 효율적인 행위와 실행력이 있는가?

☐ 자유롭고 충분한 커뮤니케이션 효과를 얻고 있는가?

☐ 고급 인맥과 편안하게 친교를 맺으며 장기간 우호적인 관계를 형성하고 있는가?

☐ 뭔가 부탁하고, 그것을 얻어내는 능력이 있는가?

☐ 타인의 일시적인 생각이나 기분에 좌지우지되지 않고 운명을 스스로 통제하고 있는가?

- [ ] 어떤 작업이나 프로젝트가 성공적으로 관철될 때까지 지속적으로 영향을 미치는 능력과 원칙을 충분히 숙고하고 있는가?

- [ ] 매일 차분하고 긍정적이며 고양된 정신과 성공의 기대감을 가지고 잠자리에서 일어나고 있는가?

- [ ] 자신이 가지고 있는 뛰어난 능력과 잠재력을 현실에서 구체적으로 실현하고 있는가?

- [ ] 정신적, 감정적으로 강하며, 기회를 개인의 이득으로 전환시키는 역동적인 에너지가 충만하다고 느끼고 있는가?

- [ ] 예전에 타인에게 떠넘겼던 것을 스스로 말하고 행동할 정도로 진정한 동기와 확신을 느끼고 있는가?

- [ ] 이 세상에서 자신을 위한 진정한 공간을 발견하고 그곳에서 부유하게 살아가면서 모든 인간관계와 돈과 기쁨을 즐기고 있는가?

- [ ] 부정적인 과거로부터 영원히 자유로워졌는가?

- [ ] 자신을 방해하거나 제한하거나 파괴하는 것에서 벗어나 인생을 바람직한 방향으로 이끄는 새로운 관계를 즐기고 있는가?

- [ ] 활력 있는 건강, 개인적인 발전, 완전한 자기표현을 주도하려는 마음가짐을 가지고 있는가?

- [ ] 자신의 내면을 들여다보면서 외부에서 찾을 수 없는 해답을 발견하고 있는가?

성공은 결코 우연의 산물이 아닙니다. 성공이란 '작은 나'를 극복하고 최대한 자신의 존재를 성장시킬 수 있도록 규칙적으로 실용적인 전략과 행동과 마음가짐을 가짐으로써 얻어낸 결실입니다.

다음은 최면 글쓰기에 가깝게 그의 카피를 정정한 것이다.

왜 전국에서 가장 성공한 최면요법사들이 당신과 같은 사람들이 '설명할 수 없는' 놀라운 발전을 경험하고 엄청난 이득을 얻을 수 있도록 지속적으로 도움을 주는지 그 이유를 발견하십시오.

강철 같은 의지와 내면의 한계를 극복하는 자신감을 얻을 수 있습니다. 파워 마인드를 개발하여 당신의 일상에서 소심한 행동을 떨쳐버리십시오. 놀라운 결과를 얻을 수 있습니다. 전 세계에서 내로라하는 최면요법사들이 보장합니다!

자, 이제 인생을 극적으로 변화시킬 수 있는 세계적인 베스트셀러『파워 마인드』를 구입하여 차근차근 읽어보십시오. 다음의 질문에 긍정적으로 답할 수 있는 인생을 살고 싶지 않습니까?

□ 넘치는 자신감이 있습니까?

□ 꺾이지 않는 자존심이 있습니까?

□ 확고한 자부심에서 흘러나오는 대담성과 솔직함이 있습니까?

□ 늘어난 수입과 재정적 목표를 결정할 능력이 있습니까?

□ 엄청나게 성공적인 결과를 가져오는 효율적인 행위와 절정의 실행력이 있습니까?

□ 자유롭고 충분한 커뮤니케이션 효과를 얻고 있습니까?

□ 고급 인맥과 쉽고 편안하게 친교를 맺으며 오랫동안 긍정적인 관계를 형성하고 있습니까?

□ 무언가를 부탁하고, 그것을 얻어내는 능력이 있습니까?

□ 타인의 일시적인 생각이나 기분에 좌지우지되지 않고 운명을 스스로 통제하고 있습니까?

□ 어떤 작업이나 프로젝트가 성공적으로 관철될 때까지 줄곧 영향을 미치는 능력과 원칙을 충분히 심사숙고하고 있습니까?

□ 매일 차분하고 긍정적이며 고양된 정신과 성공의 기대감을 가지고 잠에서 깨어납니까?

□ 자신이 가지고 있는 뛰어난 능력과 잠재력을 현실에서 구체적으로 실현하고 있습니까?

□ 정신적, 감정적으로 강하며 기회를 결정적인 개인의 이득으로 변화시키는 역동적인 에너지가 충만하다고 느낍니까?

☐ 예전에 타인에게 떠넘겼던 것을 당신 스스로 말하고 행동할 정도로 진정한 동기와 확신을 느낍니까?

☐ 이 세상에서 당신을 위한 진정한 공간을 발견하고 그곳에서 부유하게 살아가면서 모든 인간관계와 돈과 기쁨을 즐기고 있습니까?

☐ 부정적인 과거로부터 영원히 자유롭습니까?

☐ 자신을 방해하거나 제한하거나 파괴하는 것에서 벗어나 인생을 바람직한 방향으로 이끄는 새로운 관계를 즐기고 있습니까?

☐ 활력 있는 건강, 개인적인 발전, 완전한 자기 표현을 주도하려는 마음이 있습니까?

☐ 자신의 내면을 들여다보면서 외부에서 도저히 찾을 수 없는 해답을 발견하고 있습니까?

성공은 결코 우연의 산물이 아닙니다. 성공은 '작은 나'를 극복하고 최대한 자신의 존재를 키울 수 있도록 규칙적으로 실용적인 전략과 행동과 마음가짐을 가짐으로써 얻어낸 결실입니다.

두 카피의 차이점을 발견했다면 그것을 적어보자.

11.
친근감
형성의 비밀

방금 읽은 '서툰' 웹카피에서 뭔가 찾아내야 한다. 그 카피를 읽기 전이나 읽은 후에도 마찬가지다. 지금 당신이 읽고 있는 이 글에서도 동일한 특징을 발견할 수 있다. 실제로 모든 최면 글쓰기가 이런 특징을 가지고 있다. 그것은 다름 아닌 친근감이다.

당신은 앞선 웹 사이트에 실린 글을 읽으면서 그 글의 배후에서 풍기는 글쓴이의 인격을 감지했을 것이다. 어쩌면 지금 이 책을 읽는 도중에도 당신은 내 인격을 느꼈을지 모른다.

이런 느낌은 최면 글쓰기에서 가장 중요한 요소 중 하나다. 사람들은 자신이 좋아하는 이들로부터 제품을 구매하고 싶어 한다. 당신의 인격이 잠재고객의 기대에 부응하게 되면 그들은 당신에게 친근감을 느낀다. 당신을 믿고 호감을 보이기 시작한다. 신뢰감이 쌓이고 매출이 발생한다.

모든 위대한 카피라이터들은 자신의 목소리를 글에 담았다.

그들은 다른 누군가가 되려고 애쓰지 않는다. 데이비드 오길비는 데이비드 오길비처럼, 댄 케네디는 댄 케네디처럼, 조 비테일은 조 비테일처럼 글을 썼다. 나는 댄이나 데이비드처럼 되려고 애쓰지 않고, 그들 역시 내가 되려고 애쓰지 않는다.

이러한 마음가짐이 주는 교훈은 의미심장하다. 당신이 높이 평가하는 어떤 작가를 흉내 내려고 애쓰지 마라(다른 작가처럼 되기를 원치 않는다면, 다른 작가들을 연구하는 것은 그들의 글쓰기 방식을 배울 수 있는 현명한 방법이다). 국어 선생을 만족시키려고 애쓰지 마라. '글쓰기 방식'과 관련하여 당신이 지금껏 배운 모든 것을 기억에서 지워 버려라.

지금부터 내 허락하에 자신의 감정이 가는 대로 글을 쓸 수 있다고 가정해 보자. 만약 글쓰기 스타일이 속어를 사용하는 것이라면 속어를 그냥 사용해 보라. 만약 다른 국가 출신이라면 이국적인 독특함을 그대로 살려 보라. 웃긴 이야기를 말하고 싶다면 그대로 말해 보라. 내 스타일이 곧 내 목소리다. 당신의 목소리가 독자와 두터운 친근감을 형성할 것이다. 그렇다고 내가 분별력 없는 커뮤니케이션까지 옹호하는 것은 아니다.

이 책을 통해 독자들에게 고객들을 설득하는 나만의 공식을 가르쳐주려 한다. 당신은 자기 스타일로 글을 쓰고, 나의 공식을 따라가면서 최면 글쓰기를 터득하게 될 것이다. 이것은 오로지 당신만의 최면 글쓰기이다. 나도 아니고 다른 누구도 아닌 당신만의 최면 글쓰기이다.

이런 사실은 아무리 강조해도 지나치지 않다. 사람들이 원하는 것은 '새로운 목소리'이다. 그들은 신뢰할 만한 새로운 친구의 글을 읽고 싶어 한다.

대다수 일류 카피라이터들은 친구에게 전화를 걸어 그들이 팔고 싶어 하는 제품이나 서비스에 관해 말한다. 그들은 그 통화를 녹음한다. 그런 다음 녹음을 틀어 자신이 어떤 식으로 설명했는지 경청한다. 그들은 왜 이런 행위를 하는 걸까?

일반적으로 글쓰기를 하려고 궁리하다 보면 내면에 중압감이 생기기 시작한다. 그러면 과거에 배운 온갖 가르침이 머리에 떠오르면서 그들의 창조적 목소리는 점점 사그라진다. 하지만 말할 때는 그런 중압감을 느끼지 않는다. 마크 트웨인은 이렇게 말했다. "만약 우리가 글쓰기를 배운 그대로 말하는 법을 배웠다면 우리는 모두 말더듬이가 되었을 것이다."

최면 글쓰기는 이러한 중압감에서 벗어났을 때 찾아온다. 자기 글을 교정하는 과정에서 찾아오는 것은 아니다. 자신을 신뢰하고, 자신이 되고, 자신을 표현할 때 찾아온다. 즉 자신의 존재로부터 찾아오는 것이다.

12.
카피보다 더
중요한 게 무엇일까?

나는 당신이 오로지 글쓰기에만 열중하는 것을 원치 않는다. 그것이 중요하긴 하지만 절대적으로 중요한 것은 아니다. 온라인이건 오프라인이건 직접적인 마케팅 활동에서 성공에 이르려면 다음 세 가지 핵심 요소들을 갖추고 있어야 한다.

1. 리스트(혹은 고객의 수)

2. 제안(혹은 거래)

3. 카피(혹은 최면 글쓰기)

이 세 가지 요소 중에서 카피는 비중이 가장 작다.

지난주에 나는 RSS와 블로그에 관한 전자책 집필을 마쳤다. 그리고 최근에 나온 뉴스레터에서 이 전자책을 언급했다. 전자책을 위한 웹사이트는 아직 완성되지 않았고 세일즈레터도 작성하지 않은 상황이었다. 그런데도 많은 사람들이 이 전자책을 구매하기 위해 사이트로 몰려들었다. 나의 공동 집필자는 "이런… 조, 일을 서둘러야겠어요."라고 말했다. 나는 잠시 생각하고 나서 이렇게 대답했다. "우리가 아직 세일즈레터를 준비하지 못했다고 말하고 온라인에 뭐든지 올리세요. 더 이상 기다릴 수 없어 당장 책을 원한다면 이곳을 클릭하라고 하시고요." 그녀는 내 조언을 그대로 www.stampedesecret.com에 게재했다.

그 후 나는 얼른 다음의 이메일을 작성하여 보냈다.

제목: 지금껏 내가 경험한 것 중에서 가장 큰 돌풍을 일으키고 있는 제품입니다.

내가 한 일이라고는 새로운 RSS 도구를 가지고 고객들을 어떻게 구매에 나서게 할 수 있는지 그 방법을 '언급'한 것뿐이었습니다. 그러자 사람들이 주문을 하려고 물밀 듯이 밀려들었습니다.

문제는 준비가 완벽하지 않다는 겁니다. 세일즈레터를 작성하지 못했을뿐더러 주문 시스템조차 갖추지 못하고 있습니다. 나는 공동 집필자인 로라에게 부탁했습니다.

"오늘 당장 사이트에 뭐든지 올리고, 주문 스위치를 작동시키고, 거래를 시작하세요."라고 말입니다. 아직 세일즈레터도 없을 정도로 준비가 미흡하지만 그럼에도 더 이상 기다릴 수 없다면 웹 사이트를 방문하십시오. 어쩌면 이 책은 역사서에 실려 후세

에 전해질지도 모릅니다. 자, 구매를 한번 시도해 보십시오.

조 비테일 박사

힘노틱 마케팅사 사장

보다시피 그리 대단한 카피는 아니다. 하지만 최면 글쓰기의 두 가지 핵심 요소인 흥분과 호기심을 유발하고 있다. 그렇다면 세일즈레터를 배제한 우리의 마케팅 활동 결과는 어떻게 되었을까? 나는 고객 리스트에 있는 한 명의 고객에게 시험해 보았다. 그러자 그 고객은 바로 구매에 나섰다. (로라는 몹시 흥분한 나머지 전화를 걸어 비명을 질렀다. "우리가 해냈어요!")

물론 나중에 내 사이트에 세일즈레터를 게재할 것이다. 그리고 그때는 구매를 권유하는 세일즈레터가 필요 없을 정도로 사람들이 새로 출시된 전자책에 열광했다는 사실을 언급할 것이다. 하지만 현실적으로 세일즈레터는 반드시 필요하다.

내 사이트를 방문한 고객들은 '주문'을 클릭했다. 그 순간 97달러라는 전자책 가격이 눈에 띄었다. 대다수 고객들은 이 가격을 보고 바로 주문을 취소했다. 세일즈레터가 필요한 이유가 바로 이것이다.

모범적인 세일즈레터는 독자들에게 가격을 미리 예상하게 한다음 유연하고 설득력 있게 가격을 제시한다. 요점을 정리하자면 이렇다. 카피가 중요하긴 하지만 성과를 얻는 데 있어 가장 중요한 요소는 아니라는 것이다. 당신에겐 설득력 있는 구매 제안과 그 제안을 원하는 고객이 필요하다. 카피 작성은 그 순서를 따라가야 한다.

이 공식을 명심하라. 리스트/고객의 수 + 제안 + 카피 = 성공! (우리가 최종적으로 이용한 세일즈레터를 보려면 www.stampedesecret.com을 확인하길 바란다)

지금부터 당신은 최면 글쓰기를 사용하지 않으면 거래를 성사시킬 수 없다는 생각이 들기 시작할 것이다.

13.
매출의 차이를 가져오는
최면 글쓰기

여전히 최면 글쓰기에 대해 회의적이고, 그 존재에 의구심이 든다면 다음 이야기에 귀를 기울여야 한다. 브래드 예이츠는 EFT, 즉 정서적 자유기법의 거장이다. EFT는 심리적 문제를 서서히 해소시키는 방법으로 이를 통해 자유롭게 무엇을 갖거나 행동하거나 혹은 자신이 원하는 것이 될 수 있다.

혹자는 EFT를 '심리학적 침술요법'으로 부른다. 예를 들어 당신이 손가락 한두 개를 사용해 신체 특정 부위를 톡톡 두드리면 갇혀 있던 에너지가 방출된다. 그러면 당신의 내면은 막힘없이 자유로워질 수 있다.

EFT는 10년 이상 유용하게 사용되어 왔으며 현재 수만 명의 사람들에게 시행되고 있다. 그들이 죄다 문제와 해결책을 거짓으로 꾸미진 않았을 것이다. 따라서 EFT의 효과를 무시할 수 없다.

예전에 내가 '신차를 매혹하라'는 텔레세미나를 개최했을 때

브래드 예이츠는 초대 손님이었다. 그에게 호감이 있었던 나는 '확신보다 돈이 중요하다' 시리즈에 대한 아이디어를 설명했다. 그것은 사람들이 돈을 소유하는 데 있어 심리적 장벽을 없애는 데 도움을 주는 강습 코스였다. 당시에 브래드는 사람들이 돈을 받으면서 느끼는 심리적 장벽을 없앨 수 있도록 그들에게 EFT를 가르치고 싶어 했다.

브래드는 나의 아이디어를 무척 마음에 들어 했다. 그래서 우리는 세미나 개최 이후 오디오물 판매를 위한 웹사이트를 재빨리 개설했다. 그런데 브래드는 EFT라면 잘 알고 있었지만 마케팅에는 영 서툴렀다. 웹사이트 카피는 그다지 돋보이지 않았다. 뭔가 어설픈 구석이 있었다. 나는 몇 가지 조언을 했지만 사이트를 수정할 시간이 없었다. 그래서 우리는 일단 그대로 내버려 둔 채 비즈니스를 위해 사이트부터 개설했다. 다음은 http://www.bradyates.net/page45.html에 실린 내용이다.

확신보다 돈이 중요하다!

지금 이 순간부터 당신은 돈과 당신의 관계를 변화시켜 마음껏 돈을 끌어당길 수 있습니다! 자, 준비되셨나요?

만약 당신이 돈 문제로 골머리를 앓고 있다면 그것은 당신의 잘못이 아닙니다.

부모, 사회, 영화, 심지어 친구들까지 가난한 마음가짐을 가지라고 당신을 길들이고 있습니다. 그들이 어떤 의도를 가지고 그러는 것은 아닙니다. 그들은 사악하지 않습니다. 그들 역시 길들여져 있어 당신에게 그대로 전달하고 있을 뿐입니다. 당신은 이런 상황에 갇혀 있을 이유가 없습니다. 당신에게는 달리 할 수 있는 일이 있습니다.

최근 조 비테일과 브래드 예이츠는 이런 돌파구 마련에 도움이 되는 도구를 고안했습니다. '확신보다 돈이 더 중요하다'라는 두 차례의 텔레세미나입니다. 당신의 마음속에는 돈 받는 것을 망설이게 하는 '숨겨진 신념'이 있을지 모릅니다. 이런 신념을 없애는 데 도움이 되도록 고안된 텔레세미나입니다. '확신보다 돈이 더 중요하다'를 받아들일 준비가 되었다면 바로 주문하십시오. 주문을 하면 녹음된 두 건의 전화 통화가 제공될 것입니다. 두 시간에 걸쳐 전화 통화를 들으면 돈에 대한 편협한 신념이 모두 사라지고 인생이 바뀔 것입니다.

이 전화 통화는 단순히 더 많은 정보를 제공하는 것에 그치지 않습니다. 대부분의 경우 많은 부를 즐기지 못하게는 심리적 장벽이 생기는 것은 당신이 무지하기 때문입니다. 부유해지기 위해 몇 권의 책을 더 읽거나 세미나에 좀 더 많이 참여하는 문제가 아니라는 겁니다.

당신을 방해하는 것은 이미 당신에게 효과가 없는 정보입니다. 이것은 돈에 관한 편협한 확신, 즉 부를 소유하기 위해 당신의 몸에 밴 '규칙'입니다. 일반적인 규칙이 아닌, 당신만의 규칙입니다. 하지만 이것은 훌륭한 사람이 되는 것과는 전혀 관련 없는 불필요한 규칙입니다. 대다수 훌륭한 사람들은 이런 규칙을 가지고 있지 않습니다. 만약 당신의 인생에 더 많은 부를 허용하고 싶다면 이제는 그 규칙을 깨뜨려야 할 때가 아닐까요? 어쩌면 낯설게 느껴지는 놀라운 정보를 듣게 될지도 모릅니다. 물론 이 전화 통화는 경험에 바탕을 둔 것입니다. 앞으로 두 시간 동안 당신 역시 내면 깊숙한 곳에서 긍정적인 변화가 발생하는 실천적인 경험을 하게 될 것입니다.

전화 통화는 놀라웠습니다! 어쨌든 나는 이런 식으로 마음의 그림을 그려주는 것을 좋아합니다. 브래드는 흥미로운 일련의 기법을 가지고 풍부한 직관과 창조성으로 이를 널리 전파하고 있습니다. 그리고 자신의 문제점을 찾아내서 지금껏 자신을 괴롭혔던 문제를 수월하게 해결할 수 있는 길로 안내합니다.

- 찰스 버그, www. Synchronicity-Secrets.com

나는 이 과정에 완전히 매료되었습니다! 전화 통화 이후 사뭇 다른 감정을 느끼고 있습니다. 그리고 다음 두 가지를 충분히 예상할 수 있게 되었습니다.

1. 나는 이 과정을 지속적으로 이용할 것이다.

2. 조만간 이런 장애물 제거가 나를 위해 더 많은 돈을 벌어주고 좋은 결실을 맺어줄 것이다.

- 에이미 비들, hppt://spiritual-healing-secrets.com

이 인용문들은 전화 통화에 참여하여 딱 한 번만 듣고 응답한 것입니다. 일단 MP3로 다운로드하면 전화 통화를 반복적으로 들을 수 있습니다. 물론 당신도 전화 통화를 원하실 것입니다! 매번 전화 통화를 할 때마다 심리적 장벽이 사라지며, 자신의 능력에 활력을 주는 감정(부를 창출하고 견인하고 용납하는 능력에 영향을 주는 강력한 효과)이 고양될 겁니다! 이런 감정을 다시 느끼고 싶을 때마다 언제든지 그것이 가능하다는 사실을 명심하십시오!

다른 사람들이 당신의 머릿속에 입력시킨 프로그램은 돈에 대한 잘못된 확신을 심어주었고, 그리하여 당신은 풍족하게 돈을 즐길 수 없게 되었습니다.

전화 통화는 놀라웠습니다! 실득력도 만점이었습니다! 기꺼이 전화 통화를 해준 당신에게 감사드립니다. 이 기법은 필요할 때마다 바로 사용할 수 있는 도구입니다. 이 요령을 익힌 것이 내게는 더없는 기쁨입니다. 부정적인 생각이 떠오르더라도 수 초만 지나면 사라집니다. 조의 열렬한 팬으로서 나는 브래드의 팬이 되고 있습니다. 당신의 전화 통화에 감사드립니다. 그것은 우리 모두에게 혜택을 주고 있습니다. 그야말로 최고입니다!

- 조이스 맥키, www.joycemckee.com

당신이 깨닫건 깨닫지 못하건, 인정하건 인정하지 않건 이러한 잘못된 신념은 많은 부를 경험하고 즐기고자 하는 당신에게 걸림돌입니다 만약 이런 확신에서 벗어난다면 얼마나 많은 부를 즐길 수 있을까요?

전화 통화는 매우 놀랍고 인상적이었습니다! 누가 뭐래도 최고의 묘사와 설명이었습니다. 브래드의 직관에 의한 안내를 받는 동안 나는 어린 시절에 몸에 밴 잘못된 신념이 서서히 사라지는 것을 느낄 수 있었습니다. 브래드나 조와 같은 전문가의 도움으로 나 자신을 위한 세상의 풍요로움이 존재한다는 사실도 깨닫게 되었습니다. 브래드와 조, 시

간과 정성을 베풀어준 당신들에게 감사드립니다.

- 캐롤 S.

첫 번째 통화에서 우리는 다음과 같은 돈 그 자체에 대한 잘못된 신념을 사라지게 합니다.

• 돈은 악의 근원이다.
• 부자는 나쁜 사람이다.

만약 당신이 돈에 대한 부정적인 신념을 가지고 있다면 당연히 그로부터 영향을 받을 수밖에 없을 것입니다. 두 번째 통화에서 우리는 돈과 당신의 관계에 대한 다음의 잘못된 신념을 해결합니다.

• 나는 돈을 가질 자격이 없다.
• 나는 많은 돈을 가질 정도로 선량하거나 총명하거나 유능하지 않다.

만약 당신이 이 편협한 확신으로부터 벗어날 준비가 되었다면 당장 주문하십시오. 물론 전화 통화를 하는 동안 이런 편협한 신념은 다음과 같은 긍정적인 신념으로 바꿀 것입니다.

- 나는 많은 돈을 소유해도 좋을 만큼 아주 선량하다.
- 나는 돈을 포함하여 좋은 것들을 풍족하게 누려도 될 정도로 가치 있고 자격도 있다.
- 나는 돈을 가지고 좋은 일을 많이 할 수 있다.

전화 통화의 목적은 이런 진술들이 사실임을 스스로 깨닫고 느끼게 하는 것입니다. 만약 당신 스스로 돈과 자신의 관계에 대해 좋은 감정을 가질 준비가 됐다면 당장 주문하십시오. 전화 통화의 잠재적 가치는 편협한 신념의 가치에 비할 바가 아닙니다. 사실 우리가 100달러 이상 청구하더라도 따질 사람은 별로 없을 것입니다.

우리는 잘못된 신념보다 돈이 더 중요하다는 사실을 쉽게 깨닫게 해주고 싶습니다. 나아가 근본적으로 이 세상을 변화시키고 싶습니다. 당분간 가격은 49달러로 저렴하게 책정했습니다! 만약 당신이 잘못된 신념보다 돈이 더 중요하다는 사실을 받아들일 준비가 되었다면 당장 주문하십시오! 더 많은 것을 원하십니까? 아니, 우리가 당신을 위해 더 많은 것을 원합니다! 만약 오늘 주문하신다면 다음과 같은 보너스 제공 혜택도 받으실 수 있습니다.

오늘 주문하신 분을 대상으로 우리는 추가로 '부의 활용'과 '원기 왕성한 건강의 활용'이라는 타이틀의 텔레세미나를 제공하고 있습니다. 이것은 건강과 부와 행복에 대한 심리적 장벽을 없앨 수 있게 해주는 2시간짜리 텔레세미나입니다. 예전에는 30달러의 가격으로 유료 가입자들에게만 전화 통화로 제공했지만 이번에 처음으로 녹음을 이용할 수 있게 되었습니다. '확신보다 돈이 더 중요하다'를 구매하시면 이 녹음은 무료로 제공됩니다! 당장 주문하십시오.

- 당신은 이 사이트를 어떻게 생각하는가?
- 카피가 설득력 있게 다가오는가?
- 최면성이 있는가?
- 놓친 부분이 무엇인가?

이 카피를 보고 제품을 구매할 마음이 생기는가? 브래드와 나는 리스트에 적힌 고객들에게 우리의 제품에 대해 설명했다. 그러고는 한발 물러나 주문을 기다렸다. 기다리고 또 기다렸다. 주문은 찔끔찔끔 이루어졌다. 일주일 후에도 주문은 여전했다. 우리는 둘 다 낙담했다.

결국 우리는 실망을 감추지 못하며 EFT 사용을 중단했다. 나는 사이트를 수정하고 싶었지만 책 집필, 프로젝트 작성, 미디어 출연, 여행 등으로 정신없이 바쁜 탓에 시간적 여유가 없었다. 다행히도 샘 로슨이라는 이름의 젊은 카피라이터가 브랜드를 찾아와 돕겠다고 나섰다.

나의 최면 글쓰기 관련 자료들을 꼼꼼히 검토한 샘은 자신의 능력을 보여주고 싶어 했다. 샘은 우리의 카피를 새롭게 다시 고쳐 썼다. 다음은 새로운 카피다.

과거에 아무런 효과가 없었다 하더라도 혹시 '확신보다 돈이 더 중요하다'는 사고방식을 갖고 싶지 않으십니까? 우리에게 151분의 시간만 주십시오.

부와 재산을 가져다주는, 예전부터 전해진 9가지 '비결'을 알려드리겠습니다.

효과가 없으면 단 한 푼의 돈도 받지 않겠습니다. 각각의 비결은 3초간 듣는 것만으로도 충분합니다. 이 비결은 217가지 이상의 조합이 가능합니다. 그러나 이 조합 중 단 하나만으로도 돈과 당신의 관계에 놀라운 변화를 가져다줄 수 있습니다. 믿어지지 않나요? 우리가 증거로 입증해 보이겠습니다. 만약 우리의 텔레세미나인 '확신보다 돈이 더 중요하다'가 돈에 관한 당신의 뿌리 깊은 고정관념을 바꿔주지 못한다면 그 자리에서 100퍼센트 전액 환불해 드리겠습니다. (당연히 당신의 주머니에 현금으로 꽂아드립니다!)

한번 상상해 보십시오. 매일 아침 잠에서 깨어날 때마다 부에 대한 '해결의 열쇠'가 당신 손에 쥐어져 있다고 말입니다. 당신의 몸은 따뜻한 빛으로 밝아질 것입니다. 마침내 무한한 부를 달성할 수 있는 올바른 마음가짐을 발견했기 때문입니다.

그중에서도 최고는 일단 프로그램을 끝마치면, 가장 숭고한 당신의 내면의 원칙과 조금도 어긋나지 않는 방식으로 재정적인 부를 끌어올 수 있다는 겁니다. 마지막으로 당신의 정신과 부와 관련된 운명도 확실히 통제할 수 있습니다. 아울러 이 프로그램을 마친 후 5분 49초의 시간만 투자하면 '부를 위한 마음가짐'을 꾸준히 성장시킬 수 있습니다.

- 당신은 이 사이트의 카피를 어떻게 생각하는가?
- 카피가 설득력 있게 다가오는가?
- 최면성이 있는가?
- 놓친 부분이 무엇인가?

이 카피를 읽고 제품을 구매할 마음이 생기는가? 다음은 결과다. 첫 번째 웹사이트의 카피는 실패작이다. 100일 동안 고작 100건의 주문을 성사시켰다. 반면 두 번째 웹사이트의 카피는 선풍적인 인기몰이를 하면서 단 하루 만에 8,500달러의 주문을 성사시켰다. 그렇다면 최면 글쓰기가 매출의 차이를 가져온 것일까? 다음 사항을 고려해 보자.

- 똑같은 제품
- 똑같은 가격
- 똑같은 독자

유일한 차이는 글쓰기였다. 유일한 차이는 카피였다는 점을 명심해야 한다. 나중에 최면 글쓰기가 당신의 매출에 도움을 줄지 궁금하다면 이 장을 다시 읽어보라. 그런 다음 믿기지 않을 정도의 매출을 기대해 보라.

PART 2

고객과 독자를
완벽히 내 편으로 만드는 법

14.
나는 어떻게 최면 글쓰기를 배웠는가?

최면 글쓰기 비결을 아는 사람은 거의 없다. 하지만 나는 마술 카탈로그 읽기를 통해 최면 글쓰기에 관해 많은 것을 배울 수 있었다. 나는 열여섯 살부터 마술에 관심을 가졌다. 후디니로부터 영감을 받은 나는 지구상에서 가장 위대한 탈출가 해리 엑셀로와 같은 마술가가 되고 싶었다. 오하이오주의 우리 집 지하실에서 나는 동생들의 손을 빌려 내 몸을 꽁꽁 묶곤 했다. 그리고 매번 묶인 몸을 푸는 데 성공했다. 후디니의 탈출 비밀을 알고 있던 터라 후디니의 방식을 그대로 따라 한 것이다. 심지어 꽁꽁 묶인 내 몸을 고향마을 다리 아래로 내던진 후 물속에서 발버둥치며 탈출하는 장면을 상상한 적도 있었다.

그 무렵 카드 마술에 흥미가 생겼다. 몇 가지 트릭을 고안했다. 십 대의 나이였지만 마술 잡지에 내 트릭이 실릴 정도로 제법 인정을 받았다. 그러나 아버지는 내 마술을 한사코 인정하려

들지 않았다. 그래서 30년 동안 마술에 대한 나의 관심을 숨겨 왔다. 그러다 최근 들어 다시 마술의 세계로 돌아왔다. 나는 랜스 버튼, 피터 레븐과 마크 레비를 만났다.

나는 마술 카탈로그 읽기를 특히 좋아했다. 최면 글쓰기의 좋은 본보기이기 때문이다. 비유하자면 마술 카탈로그는 스테이크가 아니라 지글지글 끓는 소리를 파는 도구이다. 그것은 볼거리가 아니라 혜택에 초점을 맞춘다. 언제나 감춰진 비밀을 가지고 꿈을 판다. 이것이 중요한 교훈이다. 누군가 이렇게 말했다. "맨손으로 오리를 꺼낼 때 관중이 박장대소하는 것을 지켜보라. 특별한 경험이 필요한 것도 아니다. 누구든 손쉽게 할 수 있기 때문이다."

요령은 바로 관중을 최면에 걸리게 하는 것이다. 이쯤에서 사례를 더 살펴보고 분석해 보자.

대니앤리 매직 e-뉴스레터에 오신 것을 환영합니다.

지폐가 어떻게 레몬에 들어갈 수 있는지 비법이 담긴 스콧 알렉산더의 '최종 해법'입니다. 나는 지금까지 대니앤리 매직이 완성되기만을 학수고대했습니다. 라스베이거스에 위치한 대니앤리 매직 스튜디오 매니저인 스콧 알렉산더는 두 편의 DVD, 〈미드나이트 쇼〉와 〈텐 어클락 쇼〉 출시로 유명세를 탔습니다.

이 카피는 신빙성이 있다. 그는 예전에 DVD 작업을 했으며 매직 스튜디오 매니저다. 관념적인 마술사가 아니라 실제로 전문가이다. 이 카피는 신뢰감을 주는데, 이것은 최면 글쓰기에서 아주 중요한 요소다.

지금 그는 〈레몬에 들어간 지폐〉 편을 출시하고 있습니다. 이 DVD의 배달은 2주쯤 걸릴 겁니다. 첫 번째로 출시된 제품은 한정 수량이기 때문에 선주문을 받고 있습니다. 분명 날개 돋친 듯 팔려나갈 것입니다. 우리 뉴스레터 구독자는 특별 혜택을 누릴 수 있습니다. 이 제품이 '인터넷 사무실'의 상인들을 통해 판매되지 않을 것이기 때문입니다.

이 문구는 유명한 희소성의 원리를 적극적으로 활용한 것이다. 원하는 것을 얻기 힘들 경우 사람들은 진심으로 그것을 원하기 시작한다. 유진 슈워츠의 광고에 관한 유명한 책 『비약적으로 발전한 광고』가 이베이에 첫선을 보였을 때 900달러에 팔렸다. 이유는 희소성으로 인해 사람들이 너도나도 구입에 나섰기 때문이다.

수년 전에 나는 위험천만한 마술인 '총알잡기'에 관한 진귀한 책을 손에 넣고 싶었다. 구하기 힘들었지만 그럴수록 더더욱 그 책을 갖고 싶었다. 강박증에 걸리다시피 했다. 하지만 어렵사리 그 책을 발견했을 때는 오히려 실망을 금치 못했다. 그저 그런 평범한 책이었기 때문이다. 앞서 언급한 카피는 그 제품이 진귀하며 구하기 힘들다는 사실을 알려주고 있다. 이것이 바로 당신을 심리적으로 조종하는 최면이다.

이것은 스콧의 전문 프로그램에서 사용하는 것과 100퍼센트 동일한 고도의 전문적인 기구입니다. 이 제품은 전문가가 개발하여, 전문가가 실행하며, 전문가가 판매합니다. 또한 부품들은 단 하나도 빠짐없이 고품질 명세서에 맞춰 미국에서 제작되었습니다. 불량한 부품은 전혀 없습니다!

유감스럽지만 마술에 사용되는 장치들은 대부분 허접하다. 조악하게 만들어져 쉽게 파손된다. 대니앤리는 이 사실을 잘 알고 있었다. 그래서 그들은 자신의 마술 소품들이 최고급임을 알리고 있다.

스콧 알렉산더가 지금껏 고안된 고전적인 '레몬에 들어간 지폐' 마술에서 최상의 해법을 찾아낸 것은 의심의 여지가 없습니다. 흠잡을 데 없이 완벽합니다. 손쉽게 마술을 구사할 수 있으며 누구든 속일 수 있습니다. 틀림없이 관객들은 흥분의 도가니에 빠져들 것입니다!

당신은 이 카피가 어떤 효과를 발휘하는지 파악해야 한다. '관객을 흥분의 도가니에 빠지게 하는 것'은 모든 마술사들이 경험하고 싶어 하는 것이다. 이것이 당신의 자아에 호소력을 갖는다. 최면을 거는 이런 방식으로 잠재고객의 자아에 호소하라. 그러면 실제로 그들이 당신에게 행동으로 응답할 것이다. 이것이 당신에게 어떤 효과를 가져다줄지 생각해 보라!

누군가 서명한 지폐를 빌린 후 사라지게 하거나 훼손한 다음 레몬 속에서 다시 나타나게 하는 마술을 선보인다면 최고의 효과를 발휘할 것입니다. 이 제품은 전문적인 용도로 제작된 것입니다. 어떤 테스트 조건에서도 만족스러운 결과를 제공할 것입니다. 누군가 서명한 지폐가 실제로 레몬 속에서 발견될 테니 말입니다! 지폐를 빌려 누군가 서명하기 전에 관객이 레몬을 갖고 있어도 상관없습니다! 관객이 레몬이 가득 담긴 그릇에서 아무 레몬이나 선택해도 상관없습니다! 레몬을 지퍼백에 넣고 봉하여 마술사가 아예 손대지 못하게 해도 상관없습니다! 관객이 실제로 레몬을 쪼개도 상관없습니다!

여기서 두 가지 상황이 만들어질 것이다. 첫째, 그들은 당신의 모든 질문에 답할 것이다. 이 책을 통해 다시 배우겠지만 거부 심리와 우려를 예상하면서 적절한 시기에 답하는 것이 최면 글쓰기의 핵심적 요소다. 둘째, 그들은 당신을 긍정적으로 생각하게 될 것이다. 상대의 호응 없이 최면 상태를 유발하는 것은 불가능하다.

먼저 트릭에 관해 말해 보겠습니다. 이런 트릭은 스콧, 토머스 웨인, 봅 콜러 같은 이들이 오랜 시간에 걸쳐 완벽하게 갈고닦은 것입니다. 얼핏 보기에 평범한 물건처럼 보입니다. 그러나 실제로는 은밀하게 고안된 정교한 장치입니다. 마술의 명인인 토머스 웨인의 설명서대로 제작된 이 정교한 장치에 당신은 감탄을 금치 못할 겁니다. 007 주인공 제임스 본드 같은 인물에게 걸맞을 것 같은 독창적인 제품입니다!

이 카피는 트릭이 첨단 소재임을 알려주고 있다. 특히 제임스 본드와 연결시킨 것이 기발하다. 대다수 사람들은 007 주인공을 멋지고 정교한 장치의 수집가로 생각한다. 이처럼 적절한 연상으로 이끄는 것이 바로 최면이다.

이 교묘한 트릭은 관객에게 들키지 않으면서 감쪽같이 레몬이나 오렌지 속에 서명한 지폐를 넣을 수 있도록 당신에게 도움을 줄 것입니다. 순식간에, 또 아주 정확하게 성공할 수 있을 것입니다.

나는 이미지에 별 관심이 없지만 이 마술은 속도감을 전하고 있다. 카피는 마술 효과에 대해 설명하면서 계속 이어진다. 그렇다면 왜 이토록 많은 카피가 필요한 걸까? 이 마술 트릭은 400달러에 판매되고 있다.

'가격이 비쌀수록 더 많은 카피가 필요하다'는 것이 나의 최면 글쓰기의 비결 중 하나다. 마술 카탈로그는 최면 글쓰기를 배우기에 아주 적합한 도구이다. 그것은 '사람들이 얻고자 하는 것'에 초점을 맞출 수 있도록 가르침을 준다. 카피를 작성할 때마다 독자가 원하는 것이 무엇인지 자문해 보고 그들에게 그것을 제공하는 데 관심을 집중해야 한다. 본격적인 글쓰기로 넘어가기 전에 '최면'의 알려지지 않은 실체부터 살펴보자.

15.
최면이란
무엇인가?

최근에 나는 저명한 마케팅 컨설턴트인 댄 케네디와 인터뷰를 한 적이 있다. 대화를 나누던 중 뜬금없이 댄이 "조금이라도 최면을 배우지 않고서는 사업을 대성공으로 이끌 수 없어요."라고 말했다. 나는 깜짝 놀랐다. 대화 내용이 아니라 그 말을 내뱉은 당사자가 댄이라는 사실에 놀랐다. 댄이 최면의 중요성을 알고 있으리라고는 상상조차 하지 못했기 때문이다. 사실 최면을 이해하면 독자의 심리를 이해하는 데 많은 도움이 된다.

대체로 사람들은 자기중심적이다. 부정적인 의미가 아니라 현실이 그렇다는 것이다. 그들은 자신만의 트랜스 상태에 빠져 있으면서 활동을 한다. 자신만의 경험, 믿음, 사고와 행동이 작용하는 독특한 세계를 만들어내는 것이다. 요컨대 우리들 각자는 최면 상태에 빠져 있다. 최면 상태를 인정하지 않더라도 이미 최면에 빠져 있다.

최면 글쓰기의 첫 번째 단계는 독자의 심리를 이해하는 것이다. 그들은 당신의 글쓰기에 관심을 보이지 않는다. 자신들의 관심사에만 열중하기 때문이다. 그러므로 독자와의 만남에 성공하려면 이미 설정되어 있는 그들의 심리 영역으로 진입해야 한다.

유능한 최면술사들은 이 사실을 잘 알고 있다. 그들은 당신을 이완된 각성 상태(최면 상태)로 유도하기 위해 당신의 심리 상태와 접촉한다.

그들은 당신의 '호응'을 이끌어내려 한다. 즉 최면술사가 당신에게 최면을 거는 데 동의를 구하는 것이다. 이런 무언의 호응이 없으면 최면에 실패할 공산이 크다. 유명한 카피라이터 로버트 콜리어는 독자의 생각이 이미 자리 잡고 있는 세계에서 독자와의 만남을 가져야 한다고 주장한다.

당신은 독자를 괴롭히는 문제, 아니면 그들의 꿈이 담겨 있는 타이틀을 가지고 이를 시도할 수 있다. 당신에게 필요한 것은 독자의 머릿속에 이미 그려져 있는 그림을 보고 글쓰기를 시작하는 것이다. 이것이 바로 독자의 호응을 이끌어내는 방법이다. 독자와의 신뢰를 구축하는 방법이기도 한다. 콜리어는 이렇게 적었다.

"당신의 과제는 독자의 관심이나 욕구와의 접점, 즉 글에서 첫 줄을 읽는 순간 독자가 당신의 글에 관심을 갖고 눈을 떼지 못하게 하는 어떤 특성을 발견하는 것이다."

이 책을 읽어갈수록 이런 특성이 점점 명확하게 눈에 보일 것이다. 그러나 지금 당장 내가 원하는 것은 이미 구축되어 있는 독자의 심리 단계에서 그들과의 만남을 가지라는 것이다. 그럴수록 당신이 원하는 방향으로 그들을 이끄는 글쓰기, 즉 그들을 구매 트랜스에 빠지게 하는 최면 글쓰기에 성공할 수 있을 것이다.

16.
행동을 유발하는
두 가지 방법

역사적으로 널리 알려진 사실이지만 사람들의 행동을 유발시키는 데는 두 가지 방식이 존재한다. 하나는 '고통'이고 다른 하나는 '기쁨'이다.

고통과 기쁨은 인간의 행동을 유발하는 주요한 동기이다. 몽둥이로 누군가의 엉덩이를 후려치거나 아니면 눈앞에 맛있는 당근을 보여줌으로써 움직임을 유발하는 것이다. 대다수 마케팅 및 심리학 전문가들은 첫 번째 요소인 고통이 두 번째 요소인 기쁨보다 훨씬 강력한 효과를 발휘한다는 데 의견을 같이한다. 나역시 그들의 주장에 동의하긴 하지만 그것이 인류에게 이득이 된다고는 생각하지 않는다. 이 세상에 불행을 더 추가할 이유가 있을까?

그래서 나는 기쁨에 더 중점을 두려 한다. 사람들을 행복하게 만들자는 것이다. 이것은 자신은 물론 타인에게도 도움이 되는 건전한 방식이다. 우리 모두가 고통이 아닌 우리가 진정 원하는 것들(욕구, 쾌락, 목표)에 집중하면 얼마나 멋진 삶이 펼쳐질지 한번 상상해 보라. 하지만 그전에 사람들을 설득하는 기본공식 (전통적으로 고통 유발을 포함한 공식)부터 시작해 보자. 이 공식에 익숙해지면 내가 고안한 시스템을 더 쉽게 이해할 수 있을 것이다.

이 공식의 유례는 약 2500년 전인 고대 그리스 시대로 거슬러 올라간다. 당시 위대한 웅변가들은 말을 통해 사람들을 설득했다. 이 방식과 관련하여 아리스토텔레스는 다음과 같은 공식을 제시했다.

1. 서론: 충격적인 진술을 하거나 관심을 유도하는 일화를 이야기한다.
2. 서술: 독자나 청자가 가지고 있는 문제를 제기한다.
3. 확증: 문제에 대한 해법을 제공한다.
4. 결론: 해법을 이끄는 행위의 장점을 진술한다.

당신은 이런 공식에 익숙해져야 한다. 이것은 AIDA Attention, Interest, Desire, Action로 알려진 전형적인 광고 공식과 매우 흡사하다. 이 두 가지 공식에 기초하여 나의 글쓰기는 다음의 질문에 답하는 간단한 과정을 거친다.

1. 도입부에서 관심을 불러일으키고 있는가?

2. 잠재고객이 관심을 갖는 문제를 진술하고 있는가?

3. 실효성 있는 해법을 제시하고 있는가?

4. 잠재고객이 구매에 나서도록 부탁하고 있는가?

다음은 현대판 아리스토텔레스 공식이다.

1. 문제

2. 약속

3. 증거

4. 가격

아주 간단하다. 그렇지 않은가? 이제 각 단계와 그 비법을 살펴보자.

문제

잠재고객의 골치 아픈 문제가 명확히 드러나도록 글쓰기를 시작하라. 예를 들어 '발뒤꿈치 통증' 치료제를 팔고 있다면 다음과 같은 제목을 사용해야 한다.

뒤꿈치 통증을 가지고 있나요?

체중 감량 관련 제품을 팔고 있다면 이런 제목을 사용해야 한다.

살을 빼고 싶나요?

당신이 할 일은 잠재고객이 가진 문제에 초점을 맞춤으로써 그들의 관심을 불러일으켜 제품 구매에 나서게 하는 것이다. 이번에는 당신이 웹사이트를 운영하는 마사지 치료사라고 가정해 보자. 당신의 웹사이트 제목은 이런 식이어야 한다.

스트레스를 받고 있나요? 30분 내로 긴장을 해소하고 싶나요?

이쯤에서 내가 무엇을 말하려는지 이해할 수 있을 것이다. '내 방문객들이 가지고 있는 문제가 무엇일까?' 하고 자문해 보라는 것이다. 이런 질문을 중심으로 제목을 정하면 된다. 잠재고객의 문제에 초점을 맞추는 것, 이것이 첫 번째 단계이다.

약속

첫 번째 단계로 고객의 관심을 끌었다고 치자. 이제 약속을 언급해야 한다. 앞서 말한 '발뒤꿈치 통증'이 제목이라면 다음 글이 뒤따르는 식이다.

30일 내로 새로운 약초가 발뒤꿈치 고통을 줄이거나 없애줄 것입니다.

체중 감량 제품이라면 다음 글이 뒤따라야 할 것이다.

새로운 이 접근법은 음식이 아니라 마음먹기에 따라 체중 감량을 가능하게 해줍니다.

마사지 치료사라면 다음 글이 뒤따라야 할 것이다.

내 손은 지금까지 3,500명의 고객의 몸을 풀어주었습니다. 당신 역시 내 도움을 받을 수 있습니다.

두 번째 단계에서 당신이 할 일은 첫 번째 단계에서 언급한 문제에 대한 해법을 설명하는 것이다. 이런 설명이 사람들의 시선을 붙잡아둘 것이다. 만약 당신이 진정 그들이 가진 문제에 초점을 맞춘다면 최면 글쓰기로 그들을 최면 상태에 빠지게 할 수 있다.

증거

이제 당신에게 필요한 것은 증거다. 우리는 회의주의가 횡행하는 사회에 살고 있다. 웹사이트에서는 말도 안 되는 터무니없는 주장을 쉽게 접할 수 있다. 그래서 잠재고객은 무의식적으로 경계 태세를 취한다. 그들은 당신에게 증거를 원한다. 여기서 증거란 보증서이나 증명서처럼 고객이 당신을 신뢰할 수 있게 해주는 것을 말한다. 예를 들면 다음과 같은 방식으로 증거를 제시하는 것이다.

당신의 발뒤꿈치 통증은 30일 내로 사라질 것입니다.
치료가 되지 않으면 전액 환불 가능합니다.
지금까지 10,500명의 사람들이 발뒤꿈치 통증을 치료했습니다.

조사 결과 이 새로운 시도로 평균 15킬로그램의 체중이 감소한 것으로 나타났습니다.

제 마사지를 받으면 금세 잠들어버릴 정도로 기분이 편안해질 것입니다.

다시 한번 말하지만 당신이 해야 할 일은 약속을 입증하는 것이다. 즉 약속 실현을 증거로 보여주는 것이다.

가격

마지막으로 당신이 원하는 것을 요구해야 한다. 잠재고객이 당신의 뉴스레터 계약서에 서명하게 하려면 이 요구를 해야 한다. 그들이 당신의 제품을 구매하게 하고 싶다면 이 요구를 해야 한다. 그들이 당신에게 전화 걸게 하고 싶다면 이 요구를 해야 한다.

사람들은 누군가 자신을 이끌어주길 원한다. 그러나 당신이 그들에게 이 요구를 하지 않는다면, 즉 가격을 말하지 않는다면 그들은 구매에 나서지 않을 것이다. 따라서 다음과 같이 가격을 명시해야 한다.

만약 당신이 오늘 발뒤꿈치 통증을 치료하지 않는다면 내일은 어떻게 되겠습니까?

단돈 19.95달러에 지금 당장 우리의 특별한 허브를 주문하십시오.

업그레이드된 나만의 공식

예전에 철학자 버논 하워드는 이런 말을 한 적이 있다.

"만약 우리가 타인을 내 편으로 끌어들이기 위해 설득의 과정이 필요하다고 믿는다면 계획을 세우는 지루한 과정의 필요성도 믿어야 한다."

그러나 여기서는 굳이 계획을 세울 필요가 없다. 어떤 의도를 가지고 사람들을 설득하려는 과정도 필요 없다. 그 대신 잠재고객이 원하는 것에 초점을 맞추면 된다. 그들의 고통이 아닌 기쁨에 초점을 맞춰 보라. 그들이 원하는 것을 많이 전달할수록 더 많은 사람들이 최면에 걸리듯 당신의 글쓰기에 빠져들 것이다.

세상에 고통을 더하고 내 말을 상기하길 바란다. 물론 고통에 초점을 맞추어도 세상 사람들의 관심을 끌 수 있다. 그들의 최대 관심사를 말하고 있기 때문이다. 텔레비전이나 신문광고를 보면 대중의 관심을 끌기 위해 고통에 초점을 맞춘 경우를 자주 목격할 수 있다. 이 방법은 분명 효과가 있다.

하지만 나는 이런 식으로 세상에 고통을 더하고 싶지 않다. 관심을 집중할수록 더 많은 것을 얻을 수 있다는 것은 심리학의 기본 상식이다. 그래서 나는 굳이 고통에 초점을 맞추어 말하고 싶진 않다. 내 웹사이트에 이와 관련된 글이 실려 있다. 다음은 이를 그대로 옮긴 것이다.

최고의 동기 부여자는 고통이 아니다

밸런타인 축일에 드루 배리모어와 애덤 샌들러로부터 배운 나의 교훈

조 비테일

www.mrfire.com

글을 쓴 날이 마침 밸런타인 축일이었다. 네리사와 나는 어여쁜 드루 배리모어와 익살맞은 애덤 샌들러가 주연한 영화 〈첫 키스만 50번째〉를 관람하고 집에 돌아왔다. 진실한 사랑에 대한 감동적인 메시지가 담긴 이 아름다운 영화를 보면서 나는 관람 도중에 연신 감탄사를 터뜨렸다.

영화 중간쯤에 애덤이 자신이 사랑하는 단기 기억상실증 환자 드루의 기억을 되살리는 장면이 등장한다. 그 순간 나는 시대를 초월하는 최고의 동기 부여자의 위력을 깨달았다. 대다수 심리학자와 다이렉트마케터처럼 설득하는 직업을 가진 이들은 오직 두 가지의 동기 부여자가 존재한다고 주장한다. '고통'과 '기쁨'이 그것이다. 두 가지 중에 원하는 것은 선택하고, 원하지 않는 것은 선택하지 않는다.

일반적으로 알려진 사실은 고통의 효과가 더 강력하다는 것이다. 나 역시 이 주장에 동의한다. 하지만 앞서 나는 고통에 초점을 맞추고 싶지 않다고 말했다. 고통에 집중하면 그 고통을 느끼게 된다. 나는 많은 이들이 불행을 느끼게 만들고 싶지 않다. 그래서 나는 기쁨을 세일즈레터와 웹사이트의 동기 부여자로 삼고 있다.

대다수 마케팅 전문가들은 광고 또는 판매 활동에서 고

통이 '최고의 동기 유발자'라는 사실에 동의하고 있다. 그들은 잠재고객이 가진 문제점을 간파한 후 골치 아픈 그 문제를 들춰내려 한다. 고통이 그들의 구매 욕구를 이끌어낸다고 판단하는 것이다.

흔한 사례로 보험상품을 판매하는 영업사원이 있다. 만약 보험 영업사원이 기쁨에 초점을 맞춘다면 잠재고객은 선뜻 구매에 나서지 않을 것이다. 하지만 그 고객의 집에 화재가 발생한 상황을 설명하면 그는 구매에 나설 것이다. 고통이 즉각적인 행동을 유발하는 것이다. 다른 사람들과 마찬가지로 나 역시 고통이 가장 강력한 동기 부여자라는 사실을 잘 알고 있다. 하지만 기쁨이 더 고귀한 수단이기 때문에 나는 기쁨에 초점을 맞추려 한다.

드루 배리모어와 애덤 샌들러의 영화를 관람한 후 내 생각이 옳다는 것을 깨닫게 되었다. 영화에서 애덤은 하루 전날 일을 전혀 기억하지 못하는 여인과 사랑에 빠진다. 1년 전 교통사고 후유증으로 기억상실증에 걸린 그녀에게 매일매일이 새로운 하루다. 그래서 애덤은 매일같이 그녀를 설득해야 한다. 데이트할 때마다 새로운 데이트를 해야 하고 키스도 영화 제목처럼 '첫 키스만 50번째'이다. 애덤이 드루에게 구애하는 한 장면에서 나는 한 가지 깨달음을 얻었다. '기쁨이 가장 위대한 동기 부여자라는 사실을!

애덤은 고통과 역경에도 불구하고 하루도 빠짐없이 드루의 꽁무니를 쫓아다닌다. 그녀에 대한 사랑이 눈덩이처럼 커졌기 때문이다. 그는 기쁨을 좇고 있다. 기쁨은 그가 경험한 모든 고통을 한꺼번에 없애버릴 정도로 강렬하다.

간단히 말하자면 고통이 가장 강력한 동기 부여자라고 주장하는 모든 마케팅 전문가들은 사랑이 삶의 원동력임을 간과하고 있다. 인간은 사랑하고 사랑받고자 하는 고유한 감정을 충족시키기 위해 등에 무거운 짐을 지고 산에 오르고, 태풍 속에서 격류를 거슬러 올라 헤엄치며, 승산 없는 전쟁에 나선다. 이것이 바로 사랑의 법칙이다.

앞에서 살펴본 사례들은 모두 불공평하다. 보험상품을 판매하기 위해 고통에 의존하는 영업사원은 고객을 구매에 나서게 하는 진정한 기쁨을 이해하지 못한다. 그들의 게으름 탓에 기쁨이라는 동기 부여자를 찾아 나서지 않았던 것이다. 그들에겐 고통에 초점을 맞추는 것이 한결 쉬운 접근법이다. 실패한 대규모 광고 캠페인도 같은 경우다. 광고에서 묘사하는 고통으로 흡연이나 약물을 끊게 하려는 시도는 잘못된 접근법이다. 그 대신 흡연이나 약물 복용을 중단했을 때의 기쁨에 초점을 맞춘다면 그것은 올바른 접근법이다.

나는 이 영화를 관람한 이후 기쁨의 중요성을 더 확실히 깨닫게 되었다. 마케팅과 비즈니스 전문가로서 우리가 지향해야 할 목표는 사람들의 문제점을 지적하거나 그들의 고통을 일깨워주는 것이 아니라 그들이 갈망하는 기쁨을 떠올리거나 경험할 수 있도록 도움을 주는 것이다. 사랑은 모든 이들을 감동시킨다. 사랑은 위대한 동기 부여자다. 사랑은 위대한 기쁨 유발자다.

내 친구이자 『설득의 심리학』의 저자인 케빈 호건에 따르면, 사랑은 감정이 아니라 마음가짐이다. 하나의 마음가짐으로서 사랑은 그 어떤 감정보다 강렬하다. 사랑은 시대를 초월하여 가장 강력한 동기 부여자다.

당신이 제품이나 서비스와 관련된 일을 하고 싶다면 사랑의 존재를 드러내야 한다. 그러면 고객들이 당신과 거래해야 하는 진정한 이유를 알게 될 것이다. 이를 '사랑 중심 마케팅'으로 불러도 좋을 듯싶다. 물론 이 마케팅으로 모든 사람들을 상대할 수는 없다. 당신의 제품을 이용하기에 적합한 사람들에게만 그것을 판매할 수 있기 때문이다. 결국 이것이 당신이 원하는 모든 것이다. 당신이 행복해지면, 당신의 고객 역시 행복해질 수 있다. 그리고 드루 배리모어와 애덤 샌들러처럼 당신도 자신

만의 특별한 장점을 발견할 수 있을 것이다. 덤으로 약
간의 돈도 벌 수 있을 것이다.

이 글을 쓴 이후 내 생각에 다소 변화가 있었다. 때로는 사람들에
게 넌지시 고통을 일깨워주는 것이 더 현명한 판단일 수 있다는 생
각이 그것이었다. 그들이 고통을 겪고 있음에도 이를 부인하고 있
다면 현실을 먼저 깨닫는 것이 올바른 순서일 수 있다. 사람들은 종
종 고통을 솔직히 털어놓고 싶어 한다. 개인의 심리가 그렇다.

따라서 카피라이터 로버트 콜리어의 조언대로, 누군가 발이 아
프다면 '발이 아프나요?'라고 사실 그대로 적는 것이 적절한 제목
일 수 있다. 물론 나는 여전히 '발의 통증을 없애고 싶나요?'처럼
기쁨에 더 초점을 맞춘 제목을 원한다. 긍정적인 측면을 강조하
고 싶기 때문이다. 그러나 기쁨의 방향으로 이끌기 위해 사람들
에게 고통을 일깨워주는 것이 현실적으로 필요한 경우가 있다.
역사적으로 가장 위대한 카피라이터 중 한 명인 유진 슈워츠는
유명한 그의 저서 『비약적으로 발전한 광고』에서 이렇게 적었다.

"카피라이터의 첫 번째 자격은 상상력과 열정을 갖는 것이다.
잠재고객의 꿈을 실현하는 각색가가 되어야 하고, 고객의 미래를
그리는 연대기 작가가 되어야 한다. 즉 당신이 할 일은 당신의 제
품이 고객에게 실현시켜 줄 수 있는 미래를 명확히 보여주는 것
이다."

당신의 독자에게 그들의 꿈을 보여주어라. '잠재고객의 꿈을 실현하는 각색가가 되는 것', 이것이 바로 긍정적인 측면에 초점을 맞추는 것이다.

고통 없는 동기 부여

다음 세 가지 단계들만 가지고 기본적인 최면 글쓰기의 메시지를 이끌어내 보자.

1. 약속   2. 증거   3. 가격

다음은 이 단계들이 효과를 발휘할 수 있는 방법이다.

- **약속** 1단계에서 당신은 독자들이 원하는 것에 초점을 맞춤으로써 그들을 관심을 끌 수 있다. 사례를 들자면 이런 식이다.

기타를 쉽고 빠르게 연주하고 싶나요?

- **증거** 그런 다음 2단계로 들어가 증거를 제시한다. 이런 식이다.

에이미의 간결 기타 연주법으로 당신은 단 일주일 만에 당신이 좋아하는 곡의 연주법을 배울 수 있다고 장담합니다.

- **가격** 마지막 3단계에서는 가격을 언급하며 부탁한다.

단돈 19.99달러를 지불하고 당신은 이번 주 주말에 기타를 연주할 수 있습니다.

이곳을 클릭하기만 하면 됩니다.

이쯤에서 거래가 성사된다. 당신은 최면 글쓰기로 기본적인 메시지를 만들었고, 사람들에게 눈곱만큼도 나쁜 감정을 남기지 않았다. 당신의 글쓰기는 아마 이런 식으로 마무리될 것이다.

에누리 없이 딱 일주일 만에 기타를 연주하고 싶나요? 전자책으로 출간된 에이미의 손쉬운 기타 연주법을 보면 누구나 그렇게 할 수 있습니다. 확실히 보장합니다. 그렇지 않으면 즉시 돈을 환불해 드리겠습니다. 이곳을 클릭하여 19.99달러를 지불하고 바로 다운로드 받으십시오.

몇 분 동안의 노동치고 나쁘지 않다. 실제로 만족할 만한 결실이 아닌가? 그렇다면 당신의 웹사이트에 어떻게 이런 방식을 적용할 수 있을까?

17.
당신의 웹사이트는
어떤가?

앞서 언급한 공식을 이용하면 최면 글쓰기를 쉽게 이끌어낼 수 있다는 사실을 이제 이해할 수 있을 것이다. 물론 이 공식은 광고, 엽서, 전보, 이메일 등에도 적용할 수 있다. 그렇다면 웹사이트에도 적용이 가능할까? 답변은 간단하다. 3단계 공식을 좀 더 상세히 설명하면 그것으로 충분하기 때문이다.

1. 약속 - 제목은 간결하고 평이해야 한다. 아래에 소제목을 넣는 것도 효과적이다.
2. 증거 - 사람들에게 약속을 납득시키는 데 도움이 되는 증명서, 보증서, 과학 논문, 인용문구, 통계 등이 증거가 될 수 있다.
3. 가격 - 구매 행위를 요청하려면 구매 방법과 구매 장소뿐만 아니라 구매 시점도 자주 상기시켜야 한다. 당신은 내일이

아닌 현시점에서 잠재고객의 구매 행위를 원한다. 그래서 '지금 주문하면 세 권의 전자책이 무료입니다.'와 같이 현재의 구매 행위에 혜택을 주는 보너스 제공도 좋은 방법이다.

이 3단계 공식이 웹사이트에 적용된 사례는 http://www.strippeddownguitar.com/을 참조하길 바란다. 사이트를 살펴보면 그녀가 장문의 카피에 앞서 언급한 공식의 3가지 요소들을 잘 활용하고 있음을 발견할 수 있다. 다음은 일부를 발췌한 것이다.

약속

단 일주일 만에 당신이 좋아하는 곡을 기타로 연주하는 법을 익힐 수 있습니다! 당신은 기타를 만져본 적도 없고 음치에다 무대 공포증까지 가지고 있습니다. 그럼에도 불구하고, 일주일 만에 당신이 좋아하는 곡을 노래하고 연주한다면 친구와 연인이 얼마나 놀라겠습니까!

증거

장담컨대 스트립다운 기타를 단 일주일만 가지고 있어도 기타가 주는 만족감으로 흥분과 감동을 만끽하게 될 것입니다. 게다가 당신의 연주로 친구와 가족에게 깊은 인상을 남기면 당신의 열정이 활활 타오를 것입니다! 스트럼다운 스타일의 기타 연주는 명확하고 간결합니다. 게다가 수준 높은 테크닉에 몰두할 수 있도록 단시간에 결실을 제공합니다. 스트럼다운 기타의 숨겨진 비밀은 다음과 같습니다.

- 일주일 만에 기타 연주를 시작할 수 있는 단계적 스트럼다운 연주법
- 초보자들의 연주에 필수적인 두 개의 기타 액세서리
- 인터넷을 통해 선호하는 곡의 코드를 찾을 수 있는 최적의 공간
- 연주할 최초의 곡을 선택하는 데 있어 가장 중요한 요령
- 가장 일반적인 기타 코드 숙달을 위한 손가락 동작 교습
- 손가락 동작을 빨리 익히는 데 필요한 요령
- 기타 탭 위치를 파악하는 데 필요한 첫 번째 요령
- 더 빠른 시간에 연주법을 익히도록 뇌를 훈련시키는 중요한 테크닉
- 누구든 훌륭한 가수로 만들 수 있는 잘 알려지지 않은 비법
- 무대 공포증을 극복하게 해주는 4가지 필수 테크닉
- 호응하지 않는 청중에 대처하는 법

설령 한 번도 꿈꾸지 않았을지라도, 이제 당신은 음악가

가 되는 마법을 손에 넣을 수 있습니다!

가격

스트립다운 기타를 주문하려면 바로 클릭하십시오! 리스크가 전혀 없는 엄격한 100퍼센트 환불 보장을 통해 당신은 확실히 만족을 얻을 것입니다. 어떤 이유에서든 구입한 제품이 만족스럽지 않을 경우 30일 내로 직접 연락하면 됩니다. 구매 가격 100퍼센트를 전액 환불해드리겠습니다.

제가 드리고 싶은 당부는 스트립다운 기타가 지금 당신에게 적합한지 당장 결정하지 말라는 것입니다. 위험 부담 없이 한 달간 시험 삼아 사용해보시길 권장합니다. 만약 기타 연주법을 익히는 과정에서의 난관을 극복하지 못하게 된다면, 노래를 선택하고 익히고 연주를 위해 기술을 연마하는 단계에 어려움이 있다면, 또 당신이 생각했던 것보다 기타 연주에 발전이 없다면, 당신이 꾸준히 기타를 배우고 연주할 마음이 생기지 않는다면, 저는 돈을 받지 않고 기꺼이 전액을 환불해드릴 것입니다. 당신은 손해 볼 게 하나도 없습니다!

그럼, 이 놀라운 경험을 위해 얼마의 비용을 치러야 할까요? 스트립다운 기타의 정상가는 39.39달러입니다. 그러나 우리는 기간을 한정하여 제품 소개 가격을 책정했습니다. 이 기간에는 단돈 19.19달러에 스트립다운 기타를 구입할 수 있습니다. 무려 50퍼센트나 할인된 가격입니다. 당장 주문하십시오!

추가로, 강습 코스를 다운로드하면 바로 정보를 입수하여 지금 당장 기타 연주를 배울 수 있습니다! 새벽 2시라도 상관없습니다! 스트립다운 기타를 당장 주문하십시오!

에이미는 평이한 단어들을 가지고 나의 3단계 공식(약속, 증거, 가격)을 성공적으로 적용시켰다. 그렇다면 어느 정도 분량의 카피가 적당할까?

18.
적당한 글의
길이는?

이제 당신은 3단계 공식에 따라 제법 길게 웹사이트나 세일즈 레터를 작성할 수 있을 것이다. 그렇다고 웹사이트나 세일즈레 터가 무한정 길어져서는 안 된다. 결국 대중은 웹사이트에 실린 글에서 '관심이 가는 부분'만 읽을 것이기 때문이다. 빈털터리에 서 백만장자가 되고 싶다면 바로 이 비결을 익혀야 한다.

'말을 많이 할수록 더 많이 팔린다'라는 일반 법칙을 명심해야 한다. 이 말의 진의는 내용이 긴 카피를 두려워하지 말라는 것이 다. 대체로 많은 단어들로 작성된 긴 카피의 웹사이트가 더 적은 단어로 작성된 웹사이트에 비해 우수한 편이다. 그러나 단순히 단어만 많다고 무조건 좋은 것은 아니다. 지루하다는 느낌이 들 면 사람들이 순식간에 웹사이트를 떠나기 때문이다. 지루함은 최면 상태에 찬물을 끼얹는다.

내 경험에 비추어 보면, '더 많은 돈을 요구할수록 더 많은 단

어들을 사용하여 글을 써야 한다.'

사람들이 무료 뉴스레터에 등록을 부탁할 경우라면 잘 고른 두세 단어면 충분하다. 그들이 10달러 이하의 물건을 원할 경우에도 잘 고른 두세 단어로 충분하다. 하지만 15,000달러짜리 운동기구를 팔고 싶어 하는 경우라면 상세한 설명이 뒤따라야 한다. 그만큼 많은 단어들이 필요하다. 물론 최면에 걸리게 하는 단어들이라면 금상첨화일 것이다.

여기서 중요한 사실은 웹사이트에서 카피 길이란 당신이 파는 물건에 좌우된다는 것이다. 물론 잠재고객이 당신의 제품이나 서비스에 익숙하다면 굳이 많은 말을 할 필요가 없다. 또 당신이 제시한 가격에 대해 그들이 쉽게 납득할 경우에도 많은 말이 필요 없다. 하지만 제품이나 가격을 자세히 설명해야 하는 상황이라면 그만큼 많은 단어들을 사용해야 한다.

당신이 지켜야 할 원칙은 사이트를 방문하거나 세일즈레터를 읽는 잠재고객의 관심사에 초점을 맞추어야 한다는 것이다. 다시 강조하지만 책이건 논문이건 기사건 대중의 관심을 끌 수 있다면 그들은 장문의 카피라도 마다하지 않고 읽을 것이다. 하지만 그들이 내가 쓴 웹사이트를 읽지 않는다면 그것은 내가 그들의 관심사를 가지고 글을 쓰지 않았기 때문이다.

19.
독자들이
알고 싶어 하는 것

최면 글쓰기 방법에 대해 특별한 통찰력을 얻을 준비가 되어 있는가? 사람들에게 원하는 것을 준다면 그들은 당신의 말을 경청할 것이다. 독자들은 당신의 글에서 무엇을 원할까? 이 질문에 대한 답은 쉽지 않다. 당신이 쓴 글이라 할지라도 모두 한결같지 않기 때문이다. 하지만 일반적으로 사람들은 뭔가 읽을거리를 발견하면 흔히 다음과 같은 반응을 보인다.

"알 게 뭐야?"
"그래서 어떻다는 거지?"
"내게 득이 되는 게 뭐지?"

만화영화 〈심슨가족〉에서 패배자로 등장하는 바트 심슨이 당신에게 이런 말을 하고 있다고 상상해 보자. 독자들은 훨씬 예의

바르다. 그러나 부지불식간에 그들은 마음속으로 이런 식의 질문을 하고 있다. 만약 당신이 최면 글쓰기를 원한다면 이런 질문을 염두에 두어야 한다.

나는 강연자로 교육하는 과정에서 이 질문에 대해 알게 되었다. 이것은 청중이 무의식적으로 묻는 질문과 비슷하다. 독자들은 나름의 이유를 가지고 당신의 글을 살펴본다. 그들은 당신이 무엇을 원하는지 관심이 없다. 자신이 원하는 것에만 관심을 보일 뿐이다. 독자도 청중도 마찬가지다.

당신은 바트의 질문에 대한 답을 알고 있어야 한다. 이것이 잠재고객에게 무슨 소용이 있을까? 그들에게 어떤 혜택이 있을까? 그들이 무엇을 얻을 수 있을까? 왜 그들이 당신의 글에 관심을 가져야 하는 걸까?

적절한 답을 말할 수 있는가? 그렇지 않다면 당신은 더 이상 잠재고객을 확보하지 못할 공산이 크다. 기사나 세일즈레터가 어떤 식으로든 관심을 끌지 못한다면 그것을 거들떠보지도 않을 것이다. 자신이 좋아하는 잡지라 할지라도 그 잡지에 실린 기사를 전부 다 읽는 것은 아니다. 대충 훑어보다가 원하는 글이 아니면 곧바로 다음 장으로 넘어가기 때문이다.

잠재고객도 당신의 글을 이런 식으로 대할 것이다. 그러니 어떻게든 그들의 시선을 잡아두어야 한다. 어떻게 그것이 가능할까? 한 가지 간단한 방법은 그들이 원하는 것이 무엇인지 떠올려

보는 것이다. 바트의 질문을 한 번 더 살펴보자.

"알 게 뭐야?"

- 음, 당신의 글에 누가 관심을 보인단 말인가? 왜 관심을 보여야 하는 거지?

"그래서 어떻다는 거지?"

- 음, 그래서 어떻다는 거지? 왜 당신의 글이 중요하다는 거야? 당신이 뭔가 중요한 걸 말하겠다는 건가? 그게 정말 중요할까?

"내게 득이 되는 게 뭐지?"

- 음, 이 물건이 어떤 쓰임새가 있는 거지? 당신의 글이나 제안에서 내가 뭘 얻을 수 있는 거지?

당신은 타인의 입장에 서야 한다. 그들이 무엇을 원하는지 생각해야 한다. 신뢰는 판매의 성공에 이르는 열쇠이다. 동시에 최면 글쓰기에 도달하는 열쇠이기도 하다. 잠재고객이 관심을 보이는 대목을 이해하면 유리한 고지를 선점할 수 있다. 그들의 관심을 사로잡는 뭔가를 이끌어낼 수 있기 때문이다.

만약 관리자라면 동기 부여에, 회계사라면 세금 절감에, 작가라면 더 쉬운 글쓰기에 관심을 가질 것이다. 당신은 자신의 자아에서 빠져나와 잠재고객의 자아로 들어가야 한다. 내가 원하는 것이 아닌, 그들의 원하는 것을 제공해야 한다. 새로운 제품이 있다면 당신이 아닌 그들에게 그 제품을 호소력 있게 설명해야 한다.

디즈니 스튜디오에서 〈아라크네의 비밀〉이라는 영화를 출시했을 때 코미디 스릴러 영화로 광고했다. 그러나 관객이 코미디 스릴러에 별 관심이 없다는 사실을 알게 된 디즈니 스튜디오는 공포영화로 다시 광고했다. 동일한 영화를 가지고 다른 접근법을 시도한 것이다. 이처럼 당신도 자신이 아닌 독자의 입장에서 생각하고 글을 써야 한다.

로버트 콜리어의 세일즈레터가 폭발적인 성공을 거둔 이유 중 하나는 그가 독자들의 정서와 교감했기 때문이다. 콜리어는 독자의 관점에서 세일즈레터를 쓰기 시작했다. 그는 고객들이 자신의 제품을 구매하길 원했다. 그의 세일즈레터는 사적이고 친근감 있으며 독자의 심중을 잘 헤아리고 있었다.

타인의 입장에서 생각하는 것은 일본 무술인 합기도의 원리이기도 하다. 합기도에서는 상대방을 굴복시키기 위해 주먹을 날리는 대신 상대방의 위치를 자신이 원하는 위치로 움직이게 하라고 주문한다. 상대방의 탄력을 이용하여 움직임의 방향을 바꾸는 것이다. 이 원리를 글쓰기에 적용하면, 당신의 관점이 아닌 독자의 관점에서 세일즈레터를 작성해야 한다는 것이다. 어떤 화제가 있다면 독자의 의견에 공감하면서 당신이 말하고 싶은 방향으로 글을 이끄는 식으로 말이다.

독자들은 이기적이다. 그들은 자신에게만 관심을 가질 뿐이다. 그들의 관심사에 호소하라. 이따금 책 출간에 대해 조언을 구하는 작가들이 있다. 그들이 보낸 편지에는 주로 그들 자신이나 그들이 원하는 것이 적혀 있다. 내가 원하는 내용이 담긴 편지는 거의 없다. 이런 편지를 내가 어떻게 취급할지는 상상에 맡기겠다. 잠시라도 독자의 입장을 생각했다면 그들은 최면 글쓰기를 먼저 시도했을 것이다.

만약 당신이 단체 사진을 찍은 후 그 사진을 건네받는다면 가장 먼저 누구 얼굴을 보겠는가? 당연히 본인의 얼굴이다. 자기 얼굴에 관심을 보이는 것은 지극히 당연한 일이다. 독자들의 경우도 마찬가지다. 그들은 당신이 아닌 자신에게 관심을 갖는다.

'알 게 뭐야?', '그래서 어떻다는 거지?', '내게 득이 되는 게 뭐지?'라는 바트 심슨의 질문을 상기해 보자. 그리고 글쓰기를 시작하기 전에 이 질문에 답해 보자. 글쓰기 강화 공식의 2단계에 해당하는 이 과정을 곰곰이 생각해 보자. 독자의 시선을 지면에 붙잡아두고 싶다면 반드시 필요한 과정이다. 이것은 당신이 진정 원하는 것이기도 하다, 그렇지 않은가?

20.
최면의 반복 효과

〈장면 1〉

영화 〈굿 윌 헌팅〉에서 카운슬러 역할을 한 로빈 윌리엄스는 자신의 사무실에서 몹시 불안해하는 젊은 친구에게 "그건 자네 잘못이 아니야."라고 말한 뒤 잠시 뜸을 들인 후 "그건 자네 잘못이 아니야."라고 재차 말한다. 그리고 다시 뜸을 들인 후 "그건 자네 잘못이 아니야."라고 거듭 말한다.

장면이 끝날 무렵 젊은이는 감정을 주체하지 못하며 와락 울음을 터뜨린다. 카운슬러와 환자는 포옹을 한다. 극적인 변화가 발생한다. 영화에서 진한 감동을 주는 순간이다. 머릿속에서 쉽게 잊히지 않는 장면이다. 최면에 걸리게 하는 장면이기도 하다. 왜 그럴까?

〈장면 2〉

　나는 여자친구와 저녁 식사를 하고 있다. 우리는 영화 관람을 위해 외출했다. 최근에 구입한 BMW를 몰고 도시의 밤거리를 질주했다. 손을 맞잡고 상쾌한 공기를 마셨다. 우리 둘 사이가 한층 더 가까워진 듯한 기분이 들었다.

　여자친구는 내게 몸을 기대며 내 눈을 지그시 응시한다. 그녀는 "내가 당신을 사랑하고 있다는 걸 알고 있어요?"라고 묻는다. 나는 고개를 끄덕이며 미소를 지었다. 물론 나는 그녀를 사랑하고 있다. 그녀는 눈을 동그랗게 뜨고 있다. 다시 나를 빤히 쳐다보며 말한다. "내가 당신을 사랑하고 있다는 걸 알고 있어요?" 나는 껄껄 웃으며 "당연히 알고 있지."라고 답한다. 그래도 그녀는 멈추지 않고 재차 말한다. "내가 당신을 사랑하고 있다는 걸 알고 있어요?" 이번에 나는 대답하지 않는다.

　이제 나는 그녀의 말에서 '진심'을 느끼며 감정이 북받쳐 오른다. 내 마음에 사랑이 가득 차오르는 것이 느껴진다. 그녀를 바라보며 그녀가 나를 얼마나 사랑하고 있는지 진심으로 깨닫는다. 정녕코 잊을 수 없는 순간이다. 나는 최면에 걸렸다.

　나는 상대방을 설득하기 위해 최면 글쓰기 작가들이 가질 수 있는 가장 강력한 도구를 발견했다. '반복'이 그것이다. 이 개념을 등한시해서는 안 된다. 로빈 윌리엄스가 불안해하는 젊은이에게 도움을 주고, 내 여자친구를 진심으로 마음에 담을 수 있었던 것이 바로 반복의 힘이다.

반복의 도움을 받으면, 독자들을 당신이 원하는 대로 행동하게 할 수도 있다. 사실 반복은 새로운 개념이 아니다. 심리 조작의 대가였던 P.T. 바넘은 1800년대 후반에 이미 이 개념을 사용했다. 나는『1분마다 새로운 고객이 탄생한다』에서 바넘 효과에 대해 기술한 적이 있다. 다음 인용한 그의 광고 중 하나는 한 줄의 문장을 계속 반복하는 것이었다.

두 마리 살아 있는 고래

두 마리 살아 있는 고래

두 마리 살아 있는 고래

두 마리 살아 있는 고래

두 마리 살아 있는 고래

만약 당신이 이 광고를 본다면 호기심이 생길 것이고, 바넘이 전시되어 있는 고래 두 마리를 소유하고 있다는 사실을 알게 될 것이다.

광고 전문가이자 작가인 케네스 구드는 1932년에 출간된 그의 저서『광고』에서 이렇게 적었다. "사실상 가장 훌륭한 광고 기법은 끈질기게 동일한 제안을 반복하면서 새로운 아이디어를 계속 부각시키는 것이다." 통신 판매의 귀재인 월터 호넉도 1994년에 출간된 그의 저서 『나의 놀라운 발견』에서 이렇게 주장했다. "주요한 단어나 구문의 반복을 주저하지 마라. 가능한 자주 그 단어와 구문을 반복하라."

반복은 곧 최면이다. 유능한 최면술사들이 당신의 마음속에 그들이 암시하는 것을 주입하려고 사용하는 것이 바로 반복의 기술이다. 예를 들어 그들이 "잠이 옵니다."라고 반복적으로 말하면 실제로 졸음이 몰려온다. 당신의 글쓰기에서도 동일한 상황이 발생할 수 있다. 자신이 말하고자 하는 요점들을 의식적으로 반복해 보자. 반복해서 말하는 것을 두려워할 필요가 없다. 기본적인 거래나 구매 동기를 반복하면 할수록 그것이 상대방의 무의식에 영향을 미치기 때문이다.

반복은 최면이다.
반복은 최면이다.
반복은 최면이다.

21.
최면 글쓰기의 이너게임

W. 티머시 골웨이는 "모든 상황에 이너게임이 존재한다."라고 말했다. 그는 '이너게임'에 관한 책을 집필하기도 했다. 그중에서 『테니스의 이너게임』『골프의 이너게임』『스키의 이너게임』이 특히 대중적인 인기를 끌었다. 개인적으로 내가 좋아하는 책은 골웨이와 베리 그린이 공동 저자로 출간한 『음악의 이너게임』이다.

글쓰기에도 이너게임이 존재한다. 그리고 이것이 최면 글쓰기의 진전에 중요한 역할을 한다. 글쓰기에 이너게임의 원리를 적용해 보자.

제1자아: 비판자

글쓰기를 할 때 머릿속에서 당신의 작업을 판단하는 속삭임을 들은 적이 있는가? 어쩌면 지금 이 순간에도 당신은 그 소리를 듣고 있을지 모른다. 당신이 글을 읽고 있을 때 그 소리가 들려온다. 글이 훌륭하다고, 혹은 엉망이라고 속삭이는 소리가 바로 그것이다.

당신은 눈에 보이지 않는 이 소리(친구)에 익숙해져 있다. 자기 머릿속에 이런 친구가 존재하는지조차 모를 정도로 익숙해져 있는 것이다. 하지만 분명 이 친구는 존재한다. 이 친구는 이너 게임에서 제1자아로 불리는 내면의 비판자이다. 제1자아는 당신이 내키는 대로 쉽게 글을 쓰지 못하도록 방해한다.

만약 '넌 좋은 작가가 아냐' 혹은 '철자를 조심해!'라고 말하는 것이 당신의 일부라면 당신은 제1자아의 목소리를 듣는 것이다. 나의 첫 작품인『선과 글쓰기의 기술』에서는 이 목소리를 '편집자'로 불렀다.

어린 시절 우리는 수업 시간에 교육을 받으면서 마치 나무를 심듯 내면의 편집자를 마음속에 심는다. 이 편집자는 철자, 문법, 구두점, 논리, 문장 구조 등에 주의하라고 가르친다. 우리는 이 편집자를 신뢰하는 친구이자 조언자로 삼았다. 그리고 글을 쓰려고 펜을 집어들 때마다 그의 도움을 받고 있다.

그러나 제1자아는 그리 좋은 친구가 아니다. 최고의 소재로 글을 쓰는 것을 방해하는 목소리이기 때문이다. 얼핏 편집자가 당신에게 도움을 주는 것처럼 보이지만 실제로는 당신을 방어하고 통제한다. 이런 환경에서는 모든 이들의 관심을 끌 수 있는 자유로운 글이 나올 수 없다.

당신은 지금 편지를 쓰려 하고 있다. 의자에 앉아 컴퓨터 자판을 칠 준비를 한다. 그런데 갑자기 6학년 국어 선생이 내 옆에 앉아 있는 게 아닌가!

"넌 무얼 쓰고 있는 거니?" 선생님이 묻는다.

"편지를 쓰고 있어요." 내가 대답한다.

"내가 도와주마." 선생님이 말한다.

"맞춤법에 맞게 제대로 썼니? 이 문장은 의미 전달이 안 되잖아!"

이런 상황에서 글이 술술 잘 써진다면 정상이 아니다. 그럼에도 글쓰기를 하는 동안 선생님은 속삭임을 멈추지 않는다. 대다수 사람들이 대동소이하게 평범한 글쓰기를 하고 있다는 사실은 전혀 놀랄 일이 아니다! 이렇게 감시받고 있으니 말이다!

내가 진행하는 글쓰기 강좌에서 나는 참가자들이 글을 쓰는 것을 지켜본다. 그들은 한 줄을 적은 후 잠시 멈추고 심사숙고하는 듯하다가 글을 지워버리고, 다시 글을 적는다. 마치 종이 위에서 더듬거리며 말하는 듯하다. 이는 참가자들이 내면의 편집자의 속삭임에 귀를 기울이며 자유로운 글쓰기를 방해받고 있는 상황이다. 마크 트웨인의 생각이 옳았다. 우리가 말할 때마다 가차 없이 편집 당한다면 이 세상은 어떻게 되겠는가!

나는 강의 도중 내면의 편집자가 등장하는 또 다른 연습을 한 적이 있다. 나는 참가자들을 2인 1조로 짝을 지어 한 명은 의자에 앉고, 다른 한 명은 일어서게 했다. 앉아 있는 사람은 뭔가를 적는다. 그러면 서 있는 사람은 처음부터 끝까지 그 글을 판단한다. 이런 상황에서는 아무도 글을 제대로 쓸 수 없다. 주의가 산만해지기 때문이다. 그런데도 우리는 여전히 글을 쓰려고 자리에 앉을 때마다 스스로 이런 상황을 자초하고 있다. 어떤가? 이제 슬슬 변화를 시도해야 하지 않을까?

제2자아: 마스터

당신의 내면에는 제2자아로 불리는 더 현명한 마스터가 있다. 아마도 이 글을 읽고 있는 당신은 자신이 무슨 생각을 하고 있는지 의식하고 있을 것이다. 하지만 이 과정은 그리 간단하지 않다. 반사적이고 무의식적인 행동이 몸과 정신에 동시에 반응하는 복잡한 시스템이기 때문이다. 당신은 근육의 움직임을 의식하지 못하지만 쉴 새 없이 눈을 움직이며 단어를 쫓는다. 또 글을 읽을 때 호흡과 심장 박동이 멈추지 않으며 세포들이 새롭게 태어난다. 만약 당신이 제1자아의 통제를 받으며 이런 모든 행동을 한다면 극심한 신경쇠약으로 죽음에 이를지도 모른다.

요컨대 가장 중요한 생명과 관련된 문제를 다루는 자신의 일부가 존재한다. 이것이 바로 제2자아다. 그런데 이 자아는 통제하고 의심하는 제1자아와 달리 최면 글쓰기에 도움을 준다.

매사추세츠 셰필드 옵션 연구소에서 근무하며 글을 쓸 때 나는 제2자아의 놀라운 자유를 경험한 적이 있다. 그곳에서 나는 『일출』,『거인의 발자국』,『사랑하는 것이 행복해지는 것이다』같은 인기 작품의 저자인 배리 닐 카우프만과 함께 일주일을 보냈다. 매일 밤 나는 작은 책상에 앉아 글을 썼다. 가끔 제1자아(편집자)가 내 귀에 속삭였다. "너의 글쓰기는 영 신통치 않아, 그렇지 않니?"

그러나 나는 마음을 편히 하고 즐거운 기분으로 내가 원하는 대로 자유롭게 글을 쓰기로 했다. 자유롭게 내버려 두면 '뭔가 다른 것'이 나타난다. 저절로 글쓰기가 가능해지는 것이다. 당신이 좋아하는 누군가와 대화를 하며 편안한 기분을 느꼈던 때를 떠올려 보라. 머릿속에 저절로 떠오른 단어들이 술술 입 밖으로 나오지 않았는가? 무슨 말을 해야 할지 미리 생각거나 준비하지도 않았는데 말이다. 당신은 그저 자신을 자유롭게 내버려 두었을 뿐이다.

당신은 자신의 삶에서 겪은 다양한 소재로 글을 썼을 것이다. 글쓰기에 관한 책을 읽었고, 다양한 주제와 관련된 다른 책들도 많이 읽었을 것이다. 학교에 다니며 글쓰기에 관한 수업도 많이 들었을 것이다. 당신은 이 모든 것을 기억하고 있을 것이다.

지금 당신의 내면에 이 모든 것이 남아 있다. 제2자아인 마스터가 이 모든 것을 빨아들였기 때문이다. 당신의 일부가 저절로 글을 쓰도록 내버려 두어라. 그러면 그 결과에 놀라움을 금치 못할 것이다! 그리고 최면에 걸리듯 자신의 글에 빠져들 것이다.

내면의 글쓰기에 이르는 세 단계

다음은 최면 글쓰기의 이너게임에 이르는 세 단계이다.

1단계 목적을 정하라

2단계 순간을 의식하라

3단계 상황을 믿어라

1단계: 목적을 정하라

글쓰기 전에 목적부터 정하라. 글쓰기에서 당신이 무엇을 원하는지 결정하라. 스토리를 적고 싶은가? 편지인가? 기사인가? 책인가? 대본인가? 무엇이든 상관없다. 다만 필요한 것은 목적을 정하는 것이다.

골웨이는 세 가지 목적을 설정함으로써 이너게임의 경험이 풍부해진다고 주장한다. 목적을 명확히 하는 데 도움이 되기 때문이다. 그는 다음과 같은 질문을 제안한다.

"성과를 얻기 위해 내가 원하는 것이 무엇인가?"
⇨ *설득력 있는 세일즈레터를 작성한다.*
"경험을 위해 내가 원하는 것이 무엇인가?"

⇨ 글쓰기 과정을 즐긴다.

"배움을 위해 내가 원하는 것이 무엇인가?"

⇨ 제1자아의 방해 없이 글을 쓴다.

이 질문에 답하는 것이 제2자아, 즉 내면의 마스터에게 완전한 목표물을 전달할 것이다. 또한 목적을 충분히 설명함으로써 일관성이 생기고 제2자아가 당신이 무엇을 원하는지 인식하게 될 것이다.

당신은 요구해야 한다. 특정한 글쓰기를 완성할 수 있도록 도와달라고 제2자아에게 부탁해야 한다. 당신이 원하는 것을 얻고자 한다면, 내가 진정 원하는 것이 무엇인지 알고 있어야 한다. 또 그러기 위해서는 목적이 구체적이고 확실하며 정확해야 한다. 명확한 목적이 없다면 유용하고 구체적인 결과를 얻을 수 없다. 제2자아의 지시를 받아라. 이 단계에서 당신이 할 일은 제2자아에게 명확하게 요청하는 것이다.

2단계: 순간을 인식하라

당신이 가지고 있는 모든 것은 바로 이 순간이다. 과거는 이미 지나갔고 미래는 아직 찾아오지 않았다. 당신이 영향력을 미칠 수 있는 가장 중요한 시간은 바로 현재의 이 순간이다.

수다스러운 제1자아를 조용하게 만드는 비결도 바로 여기에 있다. 현재의 순간에 집중하면 제1자아의 입을 다물게 할 수 있다. 지금 당신의 마음속에 있는 무언가를 인식하라. 그러면 그 순간에 모든 관심을 집중할 수 있을 것이다.

골웨이는 "테니스 선수라면 주의 집중하여 공의 색과 봉합선과 움직임을 볼 줄 알아야 한다."고 주장한다. 이와 유사하게 나는 글을 쓸 때 지면을 가로지르는 펜이나 자판을 두드리는 내 손가락에 주의를 집중한다. 제1자아의 속삭임은 여전하지만 나는 무시한다. 실제로 글쓰기를 할 때에는 공포소설의 제왕인 스티븐 킹이 '작가의 트랜스 상태'라고 말한 최면 상태에 빠져든다.

지금 이 순간의 행위에 주의를 집중하면 제1자아의 목소리에 방해받지 않고 자유롭게 제2자아의 인도를 받을 수 있다. 만약 당신이 워드프로세서나 컴퓨터를 사용하고 있다면 스크린을 꺼두는 것이 바람직하다. 그렇게 하면 글쓰기에만 온통 정신을 집중할 수 있기 때문이다.

3단계: 상황을 믿어라

인생의 모든 것이 배움을 얻는 과정이다. 설령 초안을 쓰지 않는다 할지라도 당신은 뭔가를 끼적일 수 있다. 그리고 그 과정에서 배움을 얻을 수 있다. 제2자아를 믿어야 한다. 제2자아가 당신의 글쓰기에 나타나거나 영향을 미치게 함으로써 풍성한 글쓰기의 기회를 가질 수 있기 때문이다.

글쓰기에 대한 이너게임의 접근법을 믿어야 한다. 당신의 내면에서 단어들이 저절로 흘러나오게 내버려 두는 것이다. 그 단어들을 고칠 필요도 없다. 당신은 목적을 정했다. 그리고 제1자아가 침묵을 지키는 순간, 뭔가에 주의를 집중했다. 그 결과 뭔가 놀라운 글쓰기 가능해졌다. 제2자아가 등장한 것이다!

제2자아는 이미 당신에게 도움을 주고 있을 것이다. 예를 들어 소설 같은 장편을 쓰고 싶을 때면 전체적인 구성에 대한 느낌을 갖게 된다. 마음속에 완벽한 그림을 그리는 것이 아니라 소설이 될 거라는 막연한 감을 갖게 된다는 것이다.

그렇다면 짧은 글이 아니 장편소설이 될 거라는 사실을 어떻게 아는 걸까? 대체 어디서 이런 감이 생기는 걸까? 당신은 책을 집필해 보기는커녕 구상을 위해 깊이 생각한 적도 없다. 그럼에도 짧은 글이 아니라 장편소설을 집필할 거라는 느낌을 가지고 있다. 어디서 이런 믿음이 생긴 걸까? 당신의 존재 중 일부가 이렇게 말한다. "이건 책이야!" 혹시 당신의 내면에 있는 제2자아가 말하는 것이 아닐까?

만약 당신이 최면 글쓰기의 이너게임에 어려움을 겪고 있다면 그것은 내면의 편집자인 심술궂은 제1자아가 당신의 마음을 통제하고 있기 때문이다. 그래도 괜찮다. 당신은 불운하지 않다. 아직 희망의 불씨가 남아 있으니까!

제1자아의 방해를 피할 수 있는 몇 가지 요령이 있다. 먼저 글쓰기 이전에 잠시 낙서를 끼적일 수 있다. 바로크 음악처럼 마음을 진정시키는 차분한 음악을 배경에 깔 수도 있다. 자유로운 글쓰기로 긴장을 풀 수도 있다. 육상 선수들은 경주 전에 스트레칭을 한다. 마찬가지로 당신은 즉흥적인 글쓰기로 예행연습을 할 수 있다. 글쓰기 전에 주의를 아예 딴 곳으로 돌리는 것도 좋은 방법이다. 가령 잔디를 깎거나 체조를 한 다음 글쓰기를 시작하는 식이다. 내 경우에는 하모니카 연주를 하거나 새로운 곡을 작곡하면서 시간을 보내곤 한다.

어떤 작가들은 악전고투하듯이 힘들게 글 쓰는 것을 즐긴다. '고통 없는 수확은 없다'라는 사고방식을 가지고 있기 때문이다. 예를 들어 테니스 선수들은 제2자아를 충분히 활용한 경험이 있음에도 코트에 나가서는 스스로를 통제하며 분투한다. 골웨이는 『테니스의 이너게임』에서 이렇게 적었다.

"자기 스스로를 통제하면서 그 상황의 주인으로 느낀다."

글쓰기(또는 테니스 경기)에 전력을 다하면서 당신은 만족감을 느낄 수도 있고, 불쾌한 기분이 들 수도 있다. 어쨌든 당신은 이런 상황에 참여하면서 스스로를 통제하려고 애쓴다. 이 경우 당신은 제1자아, 즉 비판가와 한 몸이 된다.

그러나 즉각적인 만족감을 주지 못한다 할지라도 제2자아의 말을 듣는 것이 더 현명한 처사다. 이 원칙에 따라 글쓰기를 해도 그 공로를 인정받을 수 있기 때문이다.

당신의 제2자아의 도움으로 베스트셀러나 상을 받은 각본을 썼다고 누군가에게 말할 필요가 없다. 아무도 이 사실을 알 필요가 없다. 그러니 마음껏 자유로운 글쓰기의 이너게임을 시도해 보라. 명확한 목적을 정하고, 현재의 순간에 주의를 집중하고, 진행된 상황에 믿음을 가져야 한다. 그런 다음 자신의 글쓰기를 수정하여 완벽하게 만들고 그 공로를 인정받아야 한다. 결국 당신은 글쓰기에 성공할 수 있을 것이다. 그렇지 않은가?

22.
가짜 설탕 역시
달콤하다

모방은 아첨을 위해서만 존재하는 것이 아니다. 새로운 글쓰기 기술을 신속하게 습득할 수 있는 효과적인 방식이기도 하다. 마크 트웨인은 다른 작가들을 모방하면서 글 쓰는 방법을 배웠다. 젊은 시절 이 위대한 작가는 신문기사를 활자로 조판하는 작업을 했다. 지루한 인쇄 과정이 트웨인에게는 다른 작가들을 모방할 수 있는 좋은 기회가 되었다. 그는 기사를 조금씩 모방하면서 탁월한 글쓰기의 기초를 닦을 수 있었다.

그런가 하면 라디오와 텔레비전의 유명 인사인 스티브 앨런은 재담을 베껴 적으며 유머러스한 글쓰기를 배웠다. 앨런은 도서관에서 재담에 관한 책을 빌린 후 색인카드에 농담을 전부 모사했다. 그렇게 모든 단어를 직접 받아 적은 덕에 그는 트웨인처럼 미묘한 글쓰기 비법을 터득할 수 있었다. 어떻게 모방이 이런 놀라운 성과를 거둘 수 있는 걸까?

당신은 운전을 자주 해 보았을 것이다. 평소에 운전하던 길을 따라 걸어본 적이 있는가? 천천히 걸어갈 때 더 많은 것을 보고 듣고 배울 수 있다는 느낌이 든 적이 있는가? 이렇듯 천천히 움직이면 평소에 놓치고 지나쳤던 많은 대상들에 관심을 가질 수 있다. 위대한 작가의 글을 모방할 때에도 동일한 상황이 벌어진다. 평소라면 미처 보거나 듣지 못했던 것을 불현듯 인식하게 되는 것이다.

나는 글쓰기 수업을 받는 사람들에게 자신이 좋아하는 글을 선택하여 직접 받아 적을 것을 주문한다. 마크 트웨인이나 스티브 앨런과 비슷한 경험을 할 수 있기 때문이다. 훌륭한 글쓰기를 모방함으로써 글을 잘 쓸 수 있는 방법을 배울 수 있다. 정말 효과적인 방식이다.

누군가를 모방하여 새로운 기술을 습득할 수 있다. 나는 하모니카를 배우는 이들에게 음표를 하나하나 베끼라고 주문한 적이 있다. 이 방식으로 연주자들을 모방할 수 있기 때문이다. 작가를 열망했던 열여섯 살 무렵 나는 잭 런던과 윌리엄 사로얀을 모방하여 위대한 작품의 글쓰기를 배웠다.

훌륭한 글을 읽고 모방하는 것은 운동선수가 다른 운동선수의 비디오를 유심히 관찰하는 경우와 비슷하다. 스키어들은 노련한 스키어들이 가파른 슬로프에서 어떻게 스키를 조정하는지 유심히 관찰한다. 테니스 선수들은 테니스 경기 우승자들의 경기 영상을 유심히 관찰한다. 이런 식으로 운동선수들은 다른 운동선수의 성공 패턴을 기록하며 정신과 육체를 단련한다.

하지만 작가들은 다른 작가의 비디오를 관찰하면서 그 작업을 배울 수 없다. 글쓰기가 주로 내면의 작업이기 때문이다. 그러나 당신이 거장의 글을 선택하여 한 글자도 놓치지 않고 그대로 모사한다면 그 글에 숨겨진 미묘하고 복잡한 의미를 내재화할 수 있다. 모방은 훔치는 것이 아니다. 모방은 곧 배움이다.

지금 내가 당신에게 원하는 것은 최면 글쓰기를 위해 정신을 단련하라는 것이다. 주위를 둘러보라. 여러 해 동안 당신 곁에 신문기사나 편지나 책들이 있지 않았는가? 틀림없이 당신은 소설, 편지, 광고, 메모 등을 읽었을 것이다. 이 중에서 '최면 글쓰기'로 판단되는 글쓰기의 사례를 모아보라.

이제 수집한 글 중에서 하나를 선택해 보자. 무엇이든 상관없다. 그리고 종이와 펜을 꺼내 한 단어도 놓치지 말고 그대로 모사해 보자. 다소 시간이 걸릴 것이다. 그러나 이것이야말로 가치를 따질 수 없을 정도로 귀중한 배움이다! 글쓰기의 미묘한 메커니즘에 대해 생각 이상으로 많은 배움을 얻을 수 있기 때문이다. 마크 트웨인이 활자 조판 작업을 통해 글쓰기를 배우고, 스티브 앨런이 도서관에서 빌린 책에서 농담을 배운 것처럼 당신 역시 스스로 글 쓰는 방법을 배울 수 있다. 여기에 또 다른 긍정적인 측면이 있는데, 그것은 돈이 한 푼도 들지 않는다는 것이다.

다음 사례는 '소우트라인'에 대한 나의 세일즈레터인데, 이 글을 그대로 모사해 보면 많은 도움이 될 것이다.

마침내 나는 쉽게 글을 쓸 수 있는 비결을 발견했습니다! 이것은 소우트라인으로 불립니다. 깜짝 놀랄 준비를 해야 할 것입니다. 이 새로운 소프트프로그램은 그야말로 환상적이기 때문입니다!

소크라테스가 당신의 글쓰기에 도움을 준다고 상상해 보십시오. 소크라테스가 귀가 솔깃한 질문을 던지고 나서 당신에게 글의 초안을 건넵니다. 당신은 그 초안을 글쓰기의 길잡이로 활용합니다.

이것은 환상이 아닙니다. 소우트라인은 이런 식의 질문을 하도록 고안된 혁신적인 인공지능 프로그램입니다. 소우트라인은 접수한 답변을 논리적으로 체계화합니다. 이 초안으로 글쓰기의 방향을 잡으면 더는 텅 빈 지면을 두고 전전긍긍할 일이 없을 것입니다.

난생처음 소우트라인을 사용했을 때 나는 눈이 튀어나오는 줄 알았습니다. 소우트라인은 내 속마음을 캐묻는 질문을 하고, 내 답변을 수집하고, 그 답변을 검토하고 정리했습니다. 그러고는 놀라 자빠질 정도로 멋진 초안을 만들어냈습니다. 나는 곧바로 옆방으로 달려가 소우트라인이 만들어낸 성과물을 아내에게 자랑했습니다.

당신은 매혹적인 편지, 기사, 책, 발표문 등을 쓸 때 도움을 주는 '비밀 친구'를 갖고 싶지 않습니까? 소우트라인은 내 글쓰기 친구입니다. 나는 프로젝트를 심사숙고하고, 대략적인 초안을 짜고, 새로운 아이디어를 브레인스토밍할 때 소우트라인을 활용합니다. 덕분에 시간과 노력과 돈을 아낄 수 있습니다. 내 아이디어가 신통치 않으면 소우트라인은 개선이 가능하도록 도움을 줍니다. 시급히 도움이 필요할 때에도 소우트라인은 내 곁을 지켜줍니다.

소우트라인과 함께하면서 나는 더 유능하고 영리하며, 더 강인하고 부유한 인간이 되었습니다.

강연자인 내 친구는 컴퓨터를 구입할 예정입니다. 그녀는 소우트라인을 활용하여 청중의 주의를 끌 수 있는 화법을 개발할 수 있을 것입니다. 그리고 소우트라인의 진정한 가치를 깨닫게 될 것입니다! 본인에게 익숙해진 소우트라인을 가지고 어떤 글을 쓸 수 있을지 상상해 보십시오. 소우트라인은 내가 추천하는 유일한 프로그램입니다. 내게는 이것이 실제로 효과를 발휘한 유일한 도구이기 때문입니다!

마크 트웨인은 이렇게 적었습니다. "인간의 지능은 창

고에 보관된 화약이다. 화약은 자체적으로 점화할 수 없다. 반드시 외부에서 제공되는 불꽃이 있어야 한다."

당신의 마음을 폭발시키기 위해 필요한 '불꽃'이 바로 소우트라인입니다!

당신은 이제 이 '말하기' 프로그램으로부터 많은 도움을 받을 수 있습니다. 소우트라인의 소매가는 295달러이지만 이곳에서는 단돈 169달러에 구입 가능합니다(125달러 절약!). 게다가 각종 디스크, 주요 매뉴얼, 배송과 출하, 멋진 케이스와 기술 지원까지 다 포함한 가격입니다(프로그램 가동은 간단하기 때문에 딱히 기술 지원은 필요 없습니다!).

모르긴 몰라도 소우트라인을 가지고 당신이 쓸 새로운 소재는 기대 이상의 보답을 할 것입니다. 소우트라인에 도움을 청한 바로 그 순간부터 당신은 지금껏 꿈꾸던 모든 것을 글로 표현할 수 있습니다. 그렇다고 내 말을 곧이곧대로 받아들이진 마십시오. 당신 스스로 확인해야 합니다. 동봉한 신청서에 기입한 후 우편으로 보내기만 하면 됩니다.

이제 준비가 다 되었습니다. 당신의 컴퓨터가 곧 가동될 것입니다.

그럼, 이만.

조 비테일

추신. 만약 당신이 주문하지 않는다면 나는 당신이 하드 드라이브를 장착한 컴퓨터를 소유하고 있지 않다고 생각할 것입니다. 컴퓨터를 소유하고 있다면 이 프로그램을 구입하지 않을 이유가 없기 때문입니다. 효율적인 글쓰기를 원하는 사람치고 이 프로그램의 구입을 망설이는 사람이 있을까요? 쓰고는 싶지만 아직 시작도 못한 글이 있다고 합시다. 더 기다려야 할 이유가 있을까요?

당신은 지금 막 최면 글쓰기를 만들어내는 방식에 관한 정보를 얻었다. 가슴에 와닿는 글을 읽을수록, 또 직접 그 글을 모사하면 할수록 당신은 정신을 단련하여 매혹적인 글쓰기를 할 수 있다.

하지만 한 차례 연습으로 끝내서는 안 된다. 배움이 필수적이다. 매주 일정한 시간을 정해 연습해야 한다. 그러면 모방의 강력한 힘을 배울 수 있다. 이 단계의 연습을 통해 각양각색의 소재로 글쓰기를 하다 보면 당신의 모든 능력에 변화가 생길 것이다. 만약 당신이 최면 글쓰기를 어떻게 할 수 있는지 방법을 알고 싶다면 이미 그런 글을 쓰고 있는 사람의 글을 모사해 보라. 그들의 글을 베끼다 보면 그들이 어떻게 좋은 결실을 얻었는지 깨닫게 될 것이다.

테니스 선수의 자세를 따라 하면 더 나은 테니스 선수가 되는 데 도움이 된다. 마찬가지로 탁월한 작가의 글을 모사하면 더 좋은 글쓰기를 배울 수 있다.

그렇다고 내 말을 곧이곧대로 받아들일 필요는 없다. 일단 모범적인 글쓰기 사례를 고르고 나서 그 글을 모사해 보라. 그러면 그 놀라운 효과에 감탄을 금치 못하게 될 것이다.

23.
뮤즈를 다가오게
하는 방법

당신은 글쓰기를 시작하기 전에 영감이 떠오를 때까지 기다리는가? 몇몇 작가들은 그렇게 한다. 내 글쓰기 강좌에 등록한 사람들은 대부분 머릿속에 떠오른 영감을 불태울 수 있을 때까지 기다린다. 하지만 나는 기본적으로 이런 태도에 찬성하지 않는다.

왜냐고? 당신이 행했던 마지막 일을 떠올려 보자. 불현듯 영감이 떠오를 때 일하러 갈까? 그렇지 않을 것이다. 아마도 당신이 일하러 가는 것은 그냥 할 일이 있기 때문일 것이다. 일을 해야 돈을 벌 수 있으니까. 글쓰기의 경우도 마찬가지다. 잭 런던은 뮤즈가 정신의 문을 두드릴 때까지 기다리지 말고 곤봉을 들고 여신의 뒤를 쫓아가라고 조언했다. 나는 그 정도로 폭력을 행사하고 싶진 않지만 그의 지적이 틀린 것은 아니다.

내 경험상 일단 글쓰기를 시작하면 뮤즈가 다가온다. 이 창조의 여신은 당신의 글에서 풍기는 향기를 따라가다 마침내 당신의 어깨 위에 오를 것이다. 하지만 당신이 첫걸음을 내디뎌야 비로소 뮤즈는 당신 앞에 모습을 드러낼 것이다. 다음은 이런 과정에 도움이 되는 5가지 제안들이다.

첫째, 일단 시작하라.

펜을 지면에 대고 움직여라! 무엇이든 적어보라. 뭐든지 상관없다! 예전에 에릭 버터워스는 매일 뜻 모를 글을 쓰기 시작하면서 많은 책과 칼럼과 설교와 라디오에 글을 쓸 수 있게 되었다고 고백했다.

공상과학소설의 거장 래이 브래드버리는 아이디어가 번쩍 떠오를 때까지 매일 아침 기분 내키는 대로 아무 글이나 종이에 적었다. 마음속에 떠오르는 것을 무엇이든 적어보라. 횡설수설이 금언으로, 자유로운 연상이 매혹적인 이야기로 변할 것이다.

둘째, 수정하지 마라!

타이핑으로 친 글이 보이지 않도록 컴퓨터 화면을 끄거나 눈을 감거나 눈가리개를 하고 글을 써 보라. 하지만 그 글을 고쳐서는 안 된다! 뮤즈는 편집자가 아니라 유연한 이를 원한다. 글을 쓰면서 수시로 고치면 제대로 글을 쓸 수 없다. 그냥 내버려두라. 대담해져라. 말하고 싶은 것을 그냥 말하라. "먼저 글을 써보고 나중에 정정하라." 이것이 정답이다.

셋째, 편지를 써라.

아마도 잡지에 기고하는 기사보다 친구에게 보내는 편지가 한결 쓰기 수월할 것이다. 왜 그럴까? 그것은 편지가 더 친숙하고 사적이며 명확한 의미를 담고 있기 때문이다. 사적인 편지에서는 최면 글쓰기가 자주 등장한다. 하지만 대중을 대상으로 글을 쓸 경우에는 남의 이목을 의식하게 된다. 이를 극복하려면 사적인 편지를 쓰듯이 글을 쓰는 것이 한 가지 방법이다. 감상적인 글은 나중에 지워버리면 된다. 그러고 나면 어느새 기사가 완성되어 있을 것이다.

넷째, 길잡이 단어를 활용하라.

활용 가능한 길잡이 단어 목록을 작성해 보자. 그런 다음 이 단어들로 문장을 만들어 보라. '왜냐하면', '그리고', '혹은' 등이 길잡이 단어이다. 글쓰기를 하면서 뭘 써야 할지 막막한 기분이 들 때마다 길잡이 단어를 사용해 보라. 그러면 그것이 다음 글쓰기로 이어지는 연결고리 역할을 할 것이다.

다음과 같은 글을 쓰고 있다고 가정해 보자. "최면 글쓰기는 독자들이 눈을 떼지 못할 정도로 그들의 시선을 끌어당긴다…" 그런데 이다음으로 머릿속에 딱히 다른 생각이 떠오르지 않는다. 그렇다면 길잡이 단어를 집어넣고 머릿속에 떠오른 생각을 무엇이든 적어 보자. 가령 이런 식이다. "최면 글쓰기는 독자들이 눈을 떼지 못할 정도로 그들의 시선을 끌어당긴다. 왜냐하면 그 누구도 거부하지 못할 정도로 문장에 생동감이 넘치기 때문이다."

무슨 말인지 이해가 되는가? 다른 생각으로 이어지도록 유도하는 역할을 하는 것이 바로 길잡이 단어이다. 자, 한 번 시도해 보시라!

다섯째, 긴장을 풀어라.

펜을 내려놓고 기지개를 켜보자. 눈을 감고 심호흡을 해 보자. 한결 기분이 홀가분해질 것이다. 그렇지 않은가? 대중은 온몸이 뻣뻣한 작가가 아니라 긴장이 풀린 작가를 더 선호한다. 위대한 재즈 알토색소폰 연주자 찰리 파커의 말이다. "색소폰을 연주하지 마라. 색소폰이 당신을 연주하도록 내버려두라."

글을 쓰지 마라. 글이 저절로 써지도록 내버려두라. 이 의미를 곱씹어보길 바란다.

24.
어떻게 독자의 관심을
잡아둘 수 있을까?

어쩌면 이것이 이 책 전체를 관통하는 가장 중요한 주제인지도 모른다. 이쯤에서 왜 내가 당신의 관심을 끌고 있는지 스스로 자문해 보라. 무엇이 당신의 관심을 사로잡았으며, 무엇이 책 읽기를 멈추게 하지 않는 것일까? 지금까지 왜 이 책을 읽고 있는 걸까? 짐작건대 이유는 다음과 같다. 첫째, 단순하지만 신빙성 있는 설명으로 깊은 인상을 주었다. 둘째, 지면을 채우는 문장의 줄이 일목요연하게 잘 구성되어 있다. 셋째, 몇몇 눈에 띄는 단어들의 효과가 두드러졌다.

이것은 최면 글쓰기를 이끌어내는 공식에 가깝다. 물론 절대적인 공식은 아니다. 최면 글쓰기를 하려면 약간의 조정이 필요하기 때문이다. 완벽해질 때까지 단어와 구문과 문장을 매만져야 한다. 각각의 단락도 독자의 관심이 계속 머물 수 있도록 손을 보아야 한다. 그렇다면 어떻게 이런 글쓰기가 가능할 걸까?

여기서 내가 조언하고 싶은 것은 '일단 먼저 쓰고 나중에 고치라'는 것이다.

먼저 대략적인 초안을 그려라. 그런 다음 완벽해질 때까지 수시로 고쳐야 한다. 조각가인 내 친구는 아이디어를 스케치한 후 생동감 넘치는 형태로 다듬는 작업을 하면서 이와 유사한 과정을 거친다. E.B. 화이트는 이렇게 말했다. "위대한 글쓰기는 존재하지 않는다. 오직 위대한 고쳐쓰기만 존재할 뿐이다."

글을 수정하는 단계에서 최면 글쓰기가 가능하다. 이것은 자신이 쓴 글을 선택한 다음 완벽해질 때까지 손질하고 다듬는 과정이다. 예를 들면 이런 식이다.

"그 문은 존에 의해 열렸다." 당신이 기사 작성을 위해 쓴 글이라고 하자. 나쁜 문장은 아니지만 그렇다고 좋은 문장도 아니다. 지나치게 수동적인 글이다. 문장을 조금 다듬어 보자.

"존이 문을 열었다." 한결 나아 보인다. 누가 어떤 행동을 했는지 명확히 알 수 있다. 훨씬 더 능동적이며 생동감 있는 문장이다. 그렇다면 이것이 최면에 걸리게 하는 문장일까? 아직은 아니다. 다시 문장을 다듬어 보자.

"존은 발길질로 문을 열었다." 십중팔구 이 문장은 당신의 관심을 끌 것이다. 여기서 한 번 더 문장을 다듬어 보자.

"존은 발길질로 문을 쾅 열었다!" 드디어 시선을 확 끄는 문장이 완성되었다! 이 문장으로 이야기를 시작해 보자. 독자는 이어지는 다음 문장으로 계속 빨려들 것이다.

모든 문장은 독자의 관심을 잡아둘 수 있도록 작성되어야 한다. 독자의 주변에는 흔히 라디오가 들리고, 텔레비전이 들리고, 전화벨이 울리고, 햇살이 반짝이고, 냉장고 안에 음식이 있고, 영화관에서 상영되는 신작 영화가 있기 마련이다. 이런 조건에서도 당신의 문장은 독자의 시선을 붙잡아두어야 한다. 그렇지 않으면 그들은 일상의 다른 상황으로 관심을 돌릴 것이다.

이 세상에는 주의를 산만하게 만드는 상황이 수도 없이 많이 존재한다. 따라서 밋밋한 글쓰기로는 사람들의 주의를 끌 수 없다. 당신에게는 선택의 여지가 없다. 완벽해질 때까지 글을 고칠 수밖에 없다. 반드시 그래야 한다!

소우트라인에 관한 나의 세일즈레터도 이 경우에 속한다. 이 세일즈레터의 성공에 내 생계가 달려 있기에 정성을 들일 수밖에 없었다. 만약 이와 똑같은 태도, 즉 '나의 모든 인생이 여기에 달려 있다'는 자세로 임한다면 당신 역시 훌륭한 세일즈레터를 완성할 수 있을 것이다.

나는 소우트라인이 돌풍을 일으키길 원했다. 소소한 성공은 원하지 않았다. 입가에 회심의 미소가 피어날 정도로 눈부신 성공이어야 했다. 어쨌든 나는 세일즈레터를 완성했다. 하지만 100번쯤은 고쳐 썼을 것이다. 다음은 이 과정을 간략히 설명한 것이다.

처음에 나는 세일즈레터의 한 대목에 이렇게 적었다. "난생처음 소우트라인을 사용했을 때 나는 감명을 받았습니다." 쓰레기 같은 문장이다! 대체 누가 이 따위 문장에 관심을 가진단 말인가? 그래서 나는 사람들 놀라게 하는 문장으로 고쳐 썼다. "난생처음 소우트라인을 사용했을 때 나는 눈이 튀어나오는 줄 알았습니다!"

두 문장 간의 차이를 발견했는가? 나는 새로운 문장을 읽고 있는 사람들을 관찰했다. '두 눈이 튀어나왔다'는 표현에 그들의 눈이 휘둥그레졌다. 마치 그들의 눈이 튀어나오는 듯했다. 놀랍지 않은가? 최면에 걸리게 하는 글쓰기가 바로 이런 것이다.

또 다른 예를 들어 보자. 새로운 책을 집필하고 있는 고객이 있었다. 그녀는 책 뒷면의 표지 글을 완성하느라 씨름하고 있었다. 결국 그녀는 조언을 구하려고 내게 전화를 걸었다. 나는 그녀에게 말했다. "모든 문장을 활력 있게, 그리고 사적이고 생동감 넘치게 만들어 보세요."

그러나 그녀는 내 말을 이해하지 못했다. 상담을 위해 우리는 만남을 가졌다.

"당신의 책에서 무엇을 말하고 싶나요?" 내가 물었다.

"사람들에게 네트워킹을 가르칠 거예요."

"어떻게 가르칠 거죠?"

"그들이 자신만의 자원을 활용할 수 있도록 가르치는 거죠."

"제게 그 비결 한 가지 알려줄 수 있나요?"

"대인 관계에서 4~5차례만 건너뛰면 사실상 모든 사람들과 접촉이 가능합니다. 자신의 네트워크를 잘 활용하면 누구든 만날 수 있는 거죠."

"좋습니다! 지금 이 말을 가지고 글을 시작해 봅시다!"

곧바로 나는 종이 위에 이렇게 적었다.

"당신은 네트워크를 통해 이 세상 누구와도 접촉할 수 있습니다."

그러고 나서 나는 고객을 바라보며 지금부터 내가 할 작업을 설명했다.

"이 문장은 다소 밋밋해 보이네요. 질문 형식으로 바꿔 흥미를 끌 수 있는지 확인해 봅시다."

나는 다시 이렇게 적었다.

"당신은 단지 4~5명의 사람만 건너뛰면 이 세상 모든 사람과 접촉 가능하다는 사실을 알고 있습니까?"

좀 더 나아 보이긴 했지만 썩 좋은 문장은 아니라는 생각이 들었다. 나는 그 밑에 또 다른 문장을 적었다.

"당신이 원하는 것을 얻으려면 누구와 접촉해야 할까요?"

여전히 만족스럽지 않았다. 하지만 내 고객은 흥미진진한 표정으로 문장을 주시했다.

"단지 4~5명의 사람만 건너뛰면 대통령이나 유명 인사, 백만

장자나 왕족과 접촉할 수 있다는 사실을 알고 있나요?"

나쁘지 않았다. "훌륭해요!" 고객이 환하게 웃으며 말했다

"훌륭하긴 하지만 얼마든지 더 좋은 문장을 만들 수 있습니다. 아이디어에 더 공을 들이면 좀 더 깊이 있는 글을 완성할 수 있을 것입니다."

"어떻게 이보다 더 좋은 문장을 만들 수 있다는 거죠?" 그녀가 물었다.

"당신은 얼마든지 더 좋은 글을 만들 수 있습니다. 그 비법은, 스스로 감탄사를 터뜨릴 만한 문장이 만들어질 때까지 고치고 또 고치면서 글을 다듬는 것입니다."

"제게는 너무 벅찬 일인 것 같은데요."

"그렇긴 합니다만 지금 자신이 쓰고 있는 글이 사람들의 마음을 움직일 수 있다는 사실을 깨달으면 이런 고된 작업도 즐거워질 수 있습니다. 게다가 사람들이 당신의 글에서 장점을 발견하면 기꺼이 당신의 제품을 구입하려 들 것입니다. 그러니 공을 들일 만한 가치가 충분합니다!"

고객은 다시 새로운 문장을 시도했다. 나는 무심코 말을 내뱉기 전에 잠시 그녀를 예의 주시했다.

"당신은 네 명만 건너뛰면 백만장자나 저명인사 혹은 위대한 인물들과 만날 수 있습니다. 그렇다면 이 네 명은 누구일까요? 당연히 당신의 곁에 있는 친구들입니다!"

아까보다 더 나은 문장이다. 우리는 이쯤에서 문장 고치기를 중단했다. 이제 당신은 이 과정의 필요성을 이해할 수 있을 것이다. 당신은 뭔가 연결이 이루어질 때까지 계속 아이디어를 떠올려야 한다. 비결은 고쳐 쓰는 것이다. 고쳐 쓰고 또 고쳐 써야 한다. 완벽해질 때까지 멈추지 말고.

25.

글을 살아 숨 쉬게 하라

지금부터 읽게 되는 내용은 글을 완벽할 정도로 세련되게 만들고 강한 인상을 남길 수 있게 하는 데 도움이 되는 몇 가지 방법이다. 이 방법을 통해 글이 걷고, 말하고, 숨 쉬는 것을 느끼게 될 것이다.

동의어 사전을 사용하라

동의어 사전을 아는가? 대다수 작가들은 엉뚱한 이유로 이 사전을 이용한다. 글을 쓰려면 지성이 필요하다는 일반적인 통념 때문이다. 이런 통념의 희생자들은 동의어 사전을 이용해 간단한 단어를 복잡한 단어로 바꾼다. 하지만 결코 옳지 않은 방식이다!

간단명료하고 직접적인 글쓰기에 맞게 동의어 사전을 이용해야 한다. 긴 단어라고 생각되면 더 짧은 단어를 찾아 구석구석

뒤져야 한다. 마크 트웨인은 동일한 의미인 'policeman'과 'cop' 중에서 어떤 단어를 사용해도 원고료는 같다고 말한 적이 있다. 그에게는 'cop'이 더 쉽고 더 빨리 사용할 수 있는 단어였다. 이처럼 내가 원하는 단어 중에서 가급적 짧은 단어를 찾는 것이 중요하다. 길고 복잡한 단어는 아예 지워버리는 게 좋다. 단어가 길어지면 글을 읽는 도중에 흐름이 끊긴다.

또 친구들과 평소에 나누는 대화에 등장하지 않는 단어라면 가급적 글쓰기에서도 사용하지 말아야 한다. 공항이나 버스 정류장에서 들은 적이 없다면 그 단어도 사용하지 않는 게 좋다. 하지만 사용한 단어를 대신할 또 다른 단어가 필요할 경우라면 동의어 사전을 펼쳐야 한다. 만약 내가 작성한 기사에서 같은 단어를 반복적으로 사용했다면 동일한 의미를 가진 또 다른 단어를 찾아야 한다는 것이다.

본인의 생각을 표현하는 간단한 단어를 찾아내 글을 새롭게 구성하고 독자들의 관심을 잡아두어야 한다. 온라인 동의어 사전으로 'simple'을 의미하는 다른 단어를 찾아보았다. 무려 열댓 개가 넘었다. 그중 일부다.

Clear, Natural, Intelligible, Neat, Lucid, Understandable, Plain, Unmistakable, Unaffected.

여기서 내가 원하는 것은 글을 쓰는 데 적합한 '짧은' 단어다. 나 같으면 'understandable' 같이 긴 단어는 피할 것이다. 간단하지만 직접적인 단어가 바람직하다. 'Neat'와 'Plain'도 적절한 단어들이다. 단 하나의 음절만 가지고 있기 때문이다. 얼핏 보기에 'Lucid'도 적합한 단어처럼 보인다. 그러나 모든 사람이 이 단어의 의미를 알고 있을 것 같지 않다. 그래서 이 단어도 제외다.

동의어 사전은 글쓰기를 할 때 옆구리에 끼고 다닐 수 있는(혹은 컴퓨터에 저장할 수 있는) 유용한 수단이다. 당신에게 선택권을 가져다주기 때문이다. 길고 복잡한 단어를 대신할 수 있는 간단한 단어가 필요하다면 동의어 사전을 펼쳐라. 과하게 많이 사용하는 단어를 다른 단어로 바꾸고 싶은 때도 동의어 사전을 펼쳐라. 이것이 최면 글쓰기를 가능하게 하는 간단하면서도 효과적인 방법이다.

비유어를 활용하라

비유는 두 가지 이상의 다른 개념을 서로 비교하기 위해 이용할 수 있는 표현 방식이다. 이것은 글을 읽는 독자에게 기분 좋은 '충격'을 줄 수 있다. 글을 줄줄 읽다가 어떤 멋진 비유를 보고 무릎을 탁 치게 되는 상황이 발생하는 것이다. 미소를 가지고 피어나는 꽃잎으로 비유하면 독자들은 머릿속으로 그 이미지를 떠올린다.

"장미 꽃잎처럼 살랑살랑 떨어진다, 치약처럼 줄줄 흘러나온다, 벌레처럼 꾸물꾸물 기어간다."

이미지가 연상되는가? 하지만 비유를 사용하는 것이 그리 쉬운 과정은 아니다. 다양한 표현들을 훑어보고 그 비유를 어떻게 사용할지 골똘히 생각하는 과정이 힘들기 때문이다. 인스턴트 커피처럼 간단하다면 좋겠지만 그렇지 않다는 게 문제다. 하지만 시도할 만한 가치가 있다. 적어도 비유를 포함한 문장이 훨씬 나아 보이기 때문이다. 비유를 잘못하면 복싱 글러브를 끼고 피아노를 치는 것처럼 답답해 보일 수 있지만 적절한 비유는 비 오는 날 어둠 속에서 사랑의 키스를 나누는 것처럼 멋져 보일 수 있다. 하지만 비유를 과하게 사용하는 것은 위험하다. 글에 광택을 더해주는 용도라면 괜찮다. 하지만 이를 남발하면 식상한 느낌이 들 것이다.

적절한 비유를 사용하여 당신의 글에 풍미를 더해야 한다. 그러면 마치 마라톤 경주를 하다가 경주자들이 시원한 레모네이드를 마시기 위해 서로 몰려드는 것처럼, 사람들이 당신의 글을 찾게 될 것이다.

유추어를 활용하라

"글쓰기의 마법사라 되라! 당신의 글을 누구도 저항할 수 없는 주문으로 탈바꿈시켜라!" 이 문장은 셀마 글래서의 『유추어 사전』에서 영감을 받아 쓴 글이다. 이 책은 '영향력 있는 글쓰기에 이르는 지름길'이라는 표현으로 광고되고 있다.

글래서의 책을 펼친 다음 카테고리별로 정리된 목록 중 하나를 골라보자. 그리고 마음속에 떠오르는 생각과 목록에 실린 단어들을 연결시켜 보자. 나는 신화와 전설로 분류된 카테고리를 펼쳤다. 거기서 '마법사'와 '주문'이라는 단어가 눈에 띄었다. 그 순간 영감을 받은 나는 문장을 쓰기 시작했다. 다음은 이 책의 효과를 보여주는 사례다.

네트워킹을 염두에 두고 글레이저의 책에서 아무 카테고리나 펼쳐본다. 마침 야구에 관한 카테고리가 눈에 띈다. 관련 단어들의 목록을 훑어본다. '가방, 볼, 클럽, 에러, 올스타, 패스트볼'과 같은 단어들이 등장한다.

순간 어떤 한 구절이 섬광처럼 뇌리를 스친다. 마음속에서 새로운 연상이 만들어진 것이다!

"삼진은 이제 그만! 패스트볼의 개념을 이해하는 비즈니스의 올스타가 되십시오!"

다음을 또 다른 사례다.

나는 글레이저의 책을 어떻게 묘사할 수 있을지 곰곰 생각하면서 체스 카테고리를 펼쳤다. 목록에 실린 단어가 백 개를 넘어서고 있었다. 나는 목록을 다 읽기도 전에 새로운 문장을 떠올렸다.

"이 책의 전략은 경쟁자를 외통수로 몰아넣을 수 있는 비법을 알려주는 것입니다."

나는 얼마든지 더 많은 구절을 만들어낼 수 있다. 유추어 사전을 활용하여 무미건조한 문장을 살아서 꿈틀거리는 문장으로 변화시켜라. 그렇다고 모든 문장을 이렇게 바꿀 필요는 없다. 당신의 글에 풍미를 더해주는 것만으로 충분하기 때문이다.

인용어를 활용하라

맹목적인 의심과 감정에 굴복하지 않고 운명을 스스로 통제할 수 있도록 역사의 희생자가 아닌 주인이 되리라 결심하라.

- 존 F. 케네디

이 인용문이 최면 글쓰기와 대체 어떤 관련이 있을까? 아무런 관련도 없다. 하지만 이 인용문을 이용하는 이유는 무엇보다 시각적인 호소력 때문이다. 독자들은 대화를 원한다. 대화는 살아 있는 글이므로 이를 이용한다는 것은 내 글 속에 대화를 집어넣는 것이 된다.

서점에서 인용문을 가진 책들을 떠올려 보면 대중이 인용문을 좋아한다는 사실을 쉽게 알 수 있다. 인용문은 간결하고 지혜로우며, 때로는 재치가 넘친다. 케네디의 경우처럼 대체로 인용문은 우리가 알 만한 사람들의 글이다. 여기서 당신이 할 일은 글에 덧붙일 적절한 인용문을 찾아내는 것이다. 다음은 그 한 가지 사례이다.

소우트라인에 관한 세일즈레터를 작성하는 동안 나는 줄곧 인용어 사전을 뒤적였다. 특히 『마크 트웨인의 재치와 지혜』라는 인용어 책이 마음에 들었다. 책장을 넘기다 눈길을 끄는 인용문 한 구절을 발견했다.

"인간의 지능은 창고에 보관된 화약이다. 화약은 스스로 점화할 수 없다. 반드시 외부에서 제공되는 불꽃이 있어야 한다."

정신이 번쩍 들었다. 그 순간 나는 세일즈레터에 이 인용문을 넣어야겠다고 생각했다. 그 덕분에 나는 독자의 시선을 끌 수 있었다. 나는 이렇게 적었다.

"마크 트웨인은 '인간의 지능은 창고에 보관된 화약이다. 화약은 스스로 점화할 수 없다. 반드시 외부에서 제공되는 불꽃이 있어야 한다'고 말했습니다. 소우트라인이 바로 당신의 정신을 폭발하게 하는 '불꽃'입니다."

인용문은 글에 풍미를 더해준다. 어떤 글이든 인용문이 있으면 독자의 시선이 그곳으로 향한다. 인용문은 글에 생동감을 불어넣으며, 독자들도 인용문을 '생명력이 있는 것'처럼 인식한다. 이것은 인용문이 대화를 연상시키기 때문이다. 게다가 이 대화는 실시간으로 진행되기 때문에 그냥 지나칠 수 없다.

그렇다고 인용문을 지나치게 길게 쓰면 안 된다. 인용문이 대여섯 줄을 넘어서면 따옴표조차 눈에 거슬릴 수 있다. 다시 말하지만 인용문은 짧고 맛깔스러워야 한다. 마크 트웨인의 인용문에는 따옴표가 두 군데 있지만 기본적으로 하나의 문장이다. 다음은 인용문 선택에서 명심해야 할 것들이다.

간결성(한 줄이 가장 적당하다)

관련성(당신의 관점과 일치해야 한다)

대다수 사람들이 알고 있는 사람의 글(마크 트웨인이나 케네디 같은 유명 인사)

러시아 과학자 이반 파블로프는 이렇게 말했다. "인간은 주변의 현실을 알려주는 사실보다 단어들로부터 더 많이 영향을 받는 것처럼 보인다." 단어들은 힘을 가지고 있다. 적절한 인용문에 포함된 단어들은 세상을 뒤흔들 정도의 영향을 가질 수 있다. 그래서 펜이 칼보다 강하다는 주장도 일리가 있다.

서점에 가면 인용문 관련 서적이 제법 많이 있다. 몇 권을 구입하여 동의어와 비유어 책들과 함께 책장에 올려놓아라. 이런 책들은 사람들의 시선을 사로잡는 글쓰기에 도움을 주는 유용한 도구들이다.

26.

내게 고기를 달라!

클래런스 대로는 저명한 법정 변호사이다. 널리 알려진 '원숭이 재판'이나 헨리 폰다가 변호사 역을 맡은 원맨쇼를 본 적이 있을 것이다. 십 대 시절 나에게 클래런스는 우상과도 같은 존재였다. 그의 삶에 감동받아 변호사를 꿈꾼 적도 있었다. 그는 "세상이 존재하는 한 잘못은 있기 마련이다. 그런데 아무도 반대하거나 거부하지 않으면 이 잘못은 영원히 계속될 것이다."라는 말을 했다.

나는 많은 작가들이 지금껏 확신을 가지고 이용해온 관행에 반대한다. 나는 이런 작가들을 '영양 불량 글쓰기'의 창조자로 부른다. 일종의 비타민(구체적 사실들)이 빠진 채로 글을 쓰는 작가들이다. 그들은 자기주장에 귀를 기울이도록 독자들을 설득하는 것이 글쓰기 요령이라고 생각한다. 비유하자면 그들은 채식주의자다. 왜냐하면 그들의 글에는 고기, 즉 알맹이와 사실이 부족하기 때문이다. 그들은 자신이 쓴 글에 심취한 나머지 현실을 보지 못하고 그냥 지나친다.

대다수 작가들은 사람의 눈을 현혹시키는 매혹적인 글쓰기만 해도 충분하다고 생각한다. 그러나 독자들이 그들보다 더 총명하다. 퍼듀팜스 사의 프랭크 퍼듀는 광고가 소비자를 바보 취급하기 때문에 광고하는 모든 제품의 80퍼센트가 실패한다고 주장했다.

대중은 구체적인 사실과 혜택, 유용한 아이디어를 원한다. 조 카르보는『게으른 사람을 부자로 만드는 안내서』라는 책을 썼다. 처음에 이 책은 불티나게 팔려나갔다. 카르보의 장황하고 사적인 광고가 사람들의 시선을 끌었다. 이 광고에 자극을 받은 많은 사람들이 책을 구입하기 시작했다. 그런데 그 고객들 중 40퍼센트는 환불을 요구했다. 왜 그랬을까?

그는 시시콜콜한 일상을 가지고 설득력 있는 세일즈레터를 만들었다. 사람들은 그의 세일즈레터에 호감을 느꼈다. 그러나 거의 절반에 가까운 고객들이 환불을 요구했다. 설상가상으로 그들 중 대다수가 다시는 그의 책을 구입하지 않았다.

그럼에도 사람들은 지금까지도 카르보가 성공을 했다고 생각한다. 화려한 그의 글쓰기에 현혹되어 광고가 소기의 성과를 거두지 못했다는 사실을 간과하고 있는 것이다. 지금도 이런 상황이 되풀이되고 있다. 메이저 광고회사들은 독창적인 광고로 상을 받고 있다. 그 광고가 매출에 별로 영향을 주지 않아도 상을 받는다. 예를 들어 대중은 이스즈 자동차 광고를 아주 좋아한다. 그 광고는 재치 있고 독창적이라는 평가를 받았다. 하지만 정작 자동차 판매는 신통치 않았다. 이것은 곧 광고가 제 역할을 하지 못했다는 뜻이다! 그런데 왜 우리는 이런 광고에 찬사를 보내고 있는 걸까?

어떤 친구는 탁월한 카피와 세일즈레터만 있으면 길거리의 하찮은 돌멩이도 '행운석'으로 팔아먹을 수 있다고 주장한다. 내가 카피만 쓰면 사람들이 앞다투어 제품 구매에 나설 거라는 이야기다. 하지만 친구의 제안을 따르는 것은 비윤리적일 뿐 아니라 잔인하다. 실용적인 비즈니스 입장에서 보자면 이런 아이디어는 실패작이다. 카피를 읽은 잠재고객을 한 번은 속일 수 있지만 결국 그들을 영원히 잃어버리는 결과를 초래하기 때문이다.

『로버트 콜리어의 레터북』을 쓴 전설적인 카피라이터 로버트 콜리어도 이와 유사한 실수를 한 적이 있다. 그는 자신이 아직 집필하지 않은 시리즈물의 마케팅을 위해 눈길을 확 끄는 인상적인 세일즈레터를 작성했다.

콜리어는 역사에 남을 만한 놀라운 위업을 달성했다. 그의 세일즈레터가 100퍼센트에 가까운 응답을 받았던 것이다. 사람들이 너도나도 그의 책을 원했다! 콜리어는 밤낮을 가리지 않고 책을 집필하여 이들의 주문에 응해야 했다. 하지만 절반의 고객이 환불을 요구했다. 거듭 말하지만 그는 고기, 즉 구체적인 사실을 간과했다. 그 대신 감당할 수 없는 약속을 남발했다. 더 큰 문제는 콜리어가 고객들에게 진실을 전하지 않았다는 것이다. 그는 그들을 유인하기만 했을 뿐이다.

벤저민 프랭클린은 이런 소중한 질문을 한 적이 있다. "여기에 내가 어떤 유익한 것을 담을 수 있을까?"

공허한 미사여구로 가득한 문장을 구사하며 책을 쓴다면 과연 글을 잘 쓰는 작가로 인정해줄까? 세상 사람들은 바보가 아니다. 독자들은 즉시 그런 책들을 멀리 던져버릴 것이다. 작가 역시 독자를 영원히 잃어버린다.

여기서 그치는 것이 아니다. 연구 조사에 따르면 이런 책을 읽은 독자들은 8명에서 10명까지 타인에게 비윤리적인 행위를 알리는 것으로 나타났다. 더욱이 어떤 작가가 독자를 잘못 인도할 경우 작가들 전체의 이미지가 나빠질 수 있다. 우리 모두 패자가 되는 것이다!

당신은 분명 이 책에서 도움을 받을 것이다. 그러나 최면 글쓰기를 이끌어내고 싶다면 반드시 구체적인 사실과 혜택, 유용한 아이디어를 가지고 글쓰기에 임해야 한다. 이는 글쓰기의 골격을 제공한다. 이런 골격이 없다면 당신의 글쓰기는 중심 없이 우왕좌왕할 수밖에 없을 것이다.

글쓰기를 할 때는 구체적인 사실을 이용하여 현실을 언급해야 한다. 독자를 잘못 이끌 수 있는 교묘한 수단으로 글쓰기를 악용하면 안 된다. 솔직해져라!

클래런스 대로는 매우 독선적인 사람들, 심지어 성난 사람들의 마음까지 자기편으로 이끄는 정직한 변호사였다. 그는 장시간 법정 안에서 주문을 걸 듯 사람들의 마음을 사로잡을 수 있었다. 그러나 그가 사용한 단어들에는 한 가지 핵심적인 요소가 들어 있었다. 이런 요소가 없었다면 그의 삶은 무의미해졌을 것이다. 그것은 다름 아닌 '진실'이었다.

27.
세계 최고 최면술사에게 배우는 글쓰기 비법

이제 의자에 편히 앉아 긴장을 풀 시간이다. 지금부터 중요한 글쓰기 비법을 터득한 세계 최고의 최면술사에 대한 이야기를 해 볼까 한다.

밀턴 에릭슨은 전설적인 인물이었다. 그는 최초의 최면술 개업의로 알려져 있으며 독특한 최면 유도법을 시도해 유명해졌다. 획기적인 치료법을 개발했으며, 저서도 수백 권에 달했다. 그는 커뮤니케이션과 행동 연구의 새로운 분야인 NLP(Neuro-Linguistic Programming, 신경언어 프로그래밍)의 이론적 바탕을 만든 세 명의 전문가 중 한 명이다.

에릭슨은 최면술과 치료법에 관한 논문 요청을 자주 받았다. 그러던 어느 날 특히 까다로운 논문 요청을 받고 어떻게 써야 할지 막막한 심정이었다. 그때 그는 기발한 방법을 떠올렸다. 자기 자신에게 최면을 걸어 무의식에 도움을 구했던 것이다. 최면에서 깨어나 아래를 보니 만화책 한 꾸러미가 놓여 있었다. 무슨 의미인지 궁금했지만 시간적 여유가 없었다. 곧바로 초인종이 울렸고 고객을 만나러 가야 했다. 하지만 만화책을 잊지 않았다. 그것이 무슨 의미이며, 무의식은 무엇을 말하려 한 걸까?

다음 날 에릭슨은 만화책이 단순하고 쉽게 표현된 책이라는 사실을 깨달았다. 만화책은 대사가 적은 대신 그림이 많아 모든 주제가 빨리 그리고 효과적으로 전달된다. 만화는 누구든 이해할 수 있다.

'바로 이거야!' 에릭슨은 자신의 무의식이 논문도 만화책처럼 간결하고, 명확하고, 쉽게 쓰라고 이야기하고 있음을 깨달았다. '어려운 단어도 복잡한 개념도 필요 없다. 하고 싶은 말을 하되 아이들이 들어도 이해할 수 있는 말을 사용하자.' 에릭슨은 아이들도 이해할 수 있을 정도로 자기 의견을 최대한 쉽게 표현해야 겠다고 생각했다. 그러면 어른들도 당연히 쉽게 이해할 수 있을 것이다.

나는 작가들에게 편지나 기사를 쓸 때 독자를 '어린아이'로 가정하고 글을 써 보길 권한다. 아이들이 읽고 이해할 수 있어야 한다는 점을 염두에 두면 결국 모두가 쉽게 이해할 수 있는 글을 쓰게 된다. 실제로 아이를 붙잡고 당신이 써야 할 프로젝트에 대해 말해 보라. 아이가 당시의 생각을 명쾌하게 만들어줄지도 모른다. 결국 커뮤니케이션의 책임은 자신에게 있다. 당신의 글을 이해하지 못한 사람이 한 명이라도 있다면 그것은 간결하고 쉬운 글쓰기에 실패했다는 뜻이다.

도스토예프스키는 이렇게 말했다. "만약 주변 사람들이 너의 말을 듣지 않거든 그들 앞에 엎드려 용서를 빌어라. 잘못은 너에게 있기 때문이다."

에릭슨은 천재였다. 그리고 그가 터득한 글쓰기 비법은 모든 작가들에게 유용하다. 당신이 아이를 상대로 글을 쓸 일이 없을지도 모르고, 만화 작가가 아닐 수도 있지만, 당신의 글을 읽는 독자 가운데 어린아이들도 존재한다는 사실을 늘 염두에 두어야 한다. 그 아이들을 이해시킬 수 있다면 당신의 의사 전달은 성공이다.

더 나아가 어린아이를 대하듯 글을 쓰면 독자의 무의식에 가까이 다가갈 수 있다. 누구나 내면에 아이와 같은 마음이 있기 마련이다. 따라서 어린아이에게 말하듯 글을 쓰면 상대방의 관심을 끌 수 있다. 에릭슨은 1966년 강연에서 이렇게 말했다. "… 무의식은 단순하고 간결하고 솔직하고 꾸밈이 없습니다… 그것은 보다 순수하고, 어린아이 같습니다."

28.
획기적인 글쓰기를 위한 놀라운 팁

심플하고 명확하고 생동감 넘치는 글을 쓸 수 있는 비결이 있을까? 이 비결은 기교보다 어떤 생각을 가지고 글을 쓰는가로 결정된다.

이미지를 그려라

글을 쓰면서 끊임없이 머릿속으로 이미지를 그려본다. 인물, 행동, 장면 등등 무엇이든 자신에게 생생하게 그려지면 독자들도 똑같이 느낄 것이다. 손과 머리는 서로 밀접하게 연결되어 있어 자신이 본 이미지를 독자에게 그대로 전달할 수 있다. 그런 현상은 무의식적으로 일어난다. 글을 쓸 때 머릿속으로 이미지를 그리다 보면 자기도 모르게 이미지에 부합하는 단어가 튀어나오는 식이다.

또 하나는 독자를 상상해보는 것이다. 독자를 미리 알고 있다면 가장 좋을 것이다. 하지만 모른다면 적당한 독자의 이미지를 떠올려 보라. 이미지로 떠올린 바로 그 독자를 상대로 글을 쓰면 효과가 있다.

한 사람을 상대로 글을 써라

앞서 언급했지만 다시 한번 강조해도 지나치지 않다. 대중을 상대로 글을 쓰려면 부담스러울 수밖에 없다. 절대다수를 상대로 글을 쓰려 하지 말고 한 사람을 상대로 글을 쓰려고 해야 한다. 개개인을 상대로 글을 쓰면 독자와 신뢰감을 형성할 수 있다.

당신의 글을 읽는 독자가 수천 명이라 해도 정작 한 사람의 독자는 그 글을 개인적으로 받아들일 뿐이다. 마치 편지를 쓰듯 한 사람을 상대로 글을 쓰면 자연스럽게 자신만의 아우라를 발산할 수 있다. 어떤 글이든 한 사람을 위해 쓸 때 누구도 흉내 낼 수 없는 친밀감이 형성된다.

흥분된 감정을 표출하라

글을 쓸 때 자신이 전달하려는 주제를 온몸으로 느껴야 한다. 그리고 그 글에 감정을 실어야 한다. 편안한 사람과 만나 이야기를 나눌 때면 손짓 발짓을 하고 눈을 크게 떴다 찡그렸다, 목소리를 낮췄다 높였다 하며 다양한 감정 표현을 한다. 그러면 그 이야기는 생동감이 넘친다.

그러나 똑같은 이야기를 글로 쓰려고 하면 왠지 점잖아진다. 결과는 뻔하다. 글에도 흥분된 감정을 표출해야 한다. 억누르지 말고 그 감정을 느껴야 한다. 글 쓰는 자신이 감동을 받아야 독자들도 감동을 받는다.

파티에 참석해 사람들을 관찰해보라. 들떠 있는 그들은 침을 튀겨가며 이야기를 쏟아낸다. 그런데 그들에게 펜을 쥐어 주고 "파티에서 했던 이야기를 그대로 글로 써보세요."라고 부탁해 보라. 아마도 그들은 당황해하며 굳은 표정을 지을 것이다. 대부분 이와 비슷하다. 감정을 억누르지 마라. 글을 쓸 때에는 자신이 느끼는 에너지와 열정을 고스란히 담아내라. 억지로 감동을 주려 애쓰지 말고 글을 통해 자신의 감정을 공유하겠다는 마음으로 글을 써라.

요점을 짚어라

우리는 다 바쁘다. 감각을 자극하는 정보가 하루가 다르게 쏟아지고 있고 저마다 관심을 가져달라고 아우성을 친다. 이러니 긴 단어, 긴 문장, 두꺼운 책에 관심을 집중하기란 거의 불가능하다. 아마도 당신도 몇 줄씩 이어지는 문장이나 복잡한 문구를 피하려 들 것이다.

글을 쓸 때도 말하고 싶은 것은 말하되 필요 없는 단어나 문장은 과감히 버려야 한다. 재미있고 쉽지 않으면 금세 싫증을 내는 아이들이 독자라고 생각하면서 글을 써야 한다. 그러면 누구라도 만족시킬 수 있을 것이다.

평가하지 마라

글을 쓰는 당사자는 본인의 글이 좋은지 나쁜지 평가할 수 없다. 결정권은 독자에게 있다. 최선을 다해 쓰고 마무리하되 평가는 독자에게 맡겨야 한다. 그리고 독자들이 평가하는 동안 새로운 글쓰기에 몰입해야 한다.

자신의 글을 평가하다 보면 작업이 잘 진척되지 않는다. 가끔은 중도에 주저앉기도 한다. 나도 글을 쓰다가 형편없다는 느낌에 집어치운 적이 여러 번 있었다. 그렇게 미처 끝내지 못한 글을 몇 주 혹은 몇 달이 흘러 다시 읽어보았다. 아주 괜찮은 글이었다! 술술 잘 읽히는 데다 제법 많이 진행되어 있었다. 왜 완성하지 않았던 걸까? 당시의 글 쓰던 감각을 잃었으니 지금 와서 손을 보기엔 늦은 감이 있다. 글을 끝내지 않은 나 자신을 원망할 수밖에 없었다.

본인의 글을 구매할 이유는 없다. 그러니 당신의 글은 구매할 독자에게 그 평가를 맡겨야 한다. 글을 쓸 때는 내면의 편집자의 말을 귀담아듣지 말아야 한다. 당신이 할 일은 그냥 글을 쓰는 것뿐이다.

29.
완벽할 필요는 없다

완벽함을 거부하다니? 그럼, 대충 쓰라는 말인가? 아니다. 일단 글쓰기를 시작했으면 초고의 마지막 문장을 쓸 때까지 멈추지 말라는 뜻이다. 그리고 곧바로 교정 작업에 들어가라는 것이다.

나를 포함하여 많은 작가들이 프로젝트를 시작했다가 글이 마음이 들지 않으면 중도에 그만둔다. 자신의 글이 '완벽해' 보이지 않기 때문이다. 또 나를 포함하여 많은 작가들이 일단 교정을 시작한 뒤에도 졸작이라고 판단하고 파일 속에 처박아두거나, 글이 성에 찰 때까지 교정 작업에만 수주나 수개월, 심지어 수년을 허비한다.

시작한 글은 빨리 끝내는 게 좋다. 초고를 완성하고, 교정을 보고, 고쳐 쓰고, 마무리를 짓고, 얼른 밖으로 내보내라! 나는 이것이 성공의 열쇠라고 생각한다. 완벽해질 때까지 기다릴 필요가 없다. 존 러스킨은 이렇게 말했다.

"어떤 훌륭한 작품도 완벽해질 수 없다. 완벽함을 요구하는 것은 예술의 목적을 오해한 것이다."

완벽함은 당신의 적이다. 최선을 다해 일하고 얼른 다음 프로젝트로 넘어가라. 완벽을 추구하다 보면 아무것도 끝낼 수가 없다. 빨리 결과물을 내놓아야 한다. 많이 쓰면 쓸수록 더 좋은 글이 나오기 마련이다. 양이 질을 결정한다. 레이 브래드버리는 고전으로 널리 알려진 2백 편의 작품을 탄생시키기까지 무려 2천 편이 넘는 글을 썼다. 글을 쓰면서 자꾸 평가를 하지 말고 무조건 쓰기부터 해라! 기계적으로 글을 생산해라! 물론 쓰레기 글을 계속 양산하라는 뜻은 아니다. 나는 당신이 매혹적이고 기억에 남을 최면 글쓰기를 하길 바란다.

많은 작가들이 자기 글을 만지고 또 만지며 시간을 허비하고 있다. 교정에 대한 아주 유용한 팁은 다음 장에서 알려주겠다. 그러니 글을 고쳐 쓴 다음 꾸물거리지 말고 바로 내보내라. 당신의 글은 결코 완벽해질 수 없다. 어차피 편집자에게 넘길 원고라면 편집자가 당신 글을 손볼 것이다. 그는 단어와 문장을 변화시키고, 문단을 삭제하거나 추가하며, 제목을 바꿀 수도 있다. 일 년 내내 컴퓨터 스크린에 머리를 처박고 최선의 노력을 다할 수도 있지만 아무리 완벽한 글을 써서 보낸다 한들 편집자는 글을 고치게 마련이다. H.G. 웰스는 이렇게 말했다.

"다른 사람의 초고를 고치는 작업만큼 신나는 일은 없다."

신기한 것은 독자는 편집자가 어딜 고쳤는지 전혀 모른다는 사실이다! 한 번은 메이저 잡지사에 리뷰를 보낸 적이 있었다. 내가 보기에는 흠잡을 데 없는 완벽한 원고였다. 그런데 나중에 잡지를 보니 마지막 두 단락이 완전히 잘려나간 게 아닌가! 내가 보기에는 그 단락이 없으면 글의 앞뒤가 맞지 않았지만 이를 눈치챈 사람은 나를 빼고 아무도 없었다. 독자들은 잡지에 실린 리뷰를 그냥 받아들일 뿐이었다.

세일즈레터나 뉴스레터와 같은 공문을 쓰는 경우라면 어딜 가든 글에 대해 지적해주는 사람이 있기 마련이다. 예전에 세일즈레터를 대신 써준 적이 있었는데 글쓰기에 대한 조언이 담긴 답장을 여러 통 받았다. 한 사람은 내가 쓴 세일즈레터 전문에서 '나는' 또는 '나의'라는 단어가 들어간 곳마다 형광펜으로 표시를 해놓았다. 그 단어를 지우라고 제안한 것이었다! 또 한 번은 특정 고객을 위한 뉴스레터를 작성했을 때 어떤 이는 너무 서민적이라고 말한 반면 다른 이는 너무 서민적이지 않다고 불평한 일도 있었다.

앞서 내가 작성했던 소우트라인에 관한 세일즈레터가 기억날 것이다. 나는 수백 번도 더 고쳐 썼지만 그래도 완벽해 보이지 않았다. 그리고 바로 다음 날 익명의 답장을 받았다. 답장에는 이렇게 적혀 있었다. "당신이 권해준 패키지는 정말 끔찍해요. 무식하고 게으른 사람들에게나 필요한 제품 같군요. 모쪼록 좀 더 나은 일에 당신의 지혜와 열정을 쏟으시기 바랍니다!" 그렇다면 '완벽한 글쓰기'란 무엇일까? 나도 잘 모르겠다. 내게는 완벽해 보이는 글이 독자에게는 어린아이의 서툰 글로 보일 수도 있다. 작가로서 내가 할 일은 그저 최선을 다하는 것뿐이다. 능숙한 기술로 정확하게 쓰고 꼼꼼히 손질한다. 그렇게 쓴 글을 세상에 내보내 모종의 결과를 얻을 수 있으면 그것으로 만족하는 것이다.

혼자서 수없이 고치는 것보다 한 번의 피드백에서 더 많은 것을 배울 수 있다. 결과물은 구체적인 방향을 제시해주지만, 고치고 또 고쳐 쓰는 것은 손가락의 경련만 일으킬 뿐이다. 그렇다고 평범한 글이 좋다는 뜻은 아니다(물론 그런 글도 출판되긴 한다). 단지 결과물의 완벽함에 목숨을 걸 필요는 없다는 것이다. 시작된 초고는 일단 끝내야 한다. 최선을 다해 교정을 봐야 한다. 그런 다음 세상에 그 글을 내보내야 한다.

30.
독자를 내 편으로
설득하는 방법

당신도 언젠가는 누군가에게 무언가를 팔기 위한 세일즈레터나 문서를 쓰게 될지 모른다. 어떻게 쓸 것인가? 사람들을 어떻게 설득시킬 것인가? 어쩌면 글쓰기 중에서도 가장 도전적인 과제일지도 모른다.

나에게 '설득'이라는 주제는 아주 매혹적이다. 나는 사람들을 감화시키고, 동기를 유발하고, 행동하게 하는 일을 주로 하고 있다. 당신도 나도 펜의 힘이 얼마나 강력한지 잘 알고 있다. 펜으로 쓰는 글은 전쟁을 일으킬 수도, 중단시킬 수도 있다. 판매를 촉진시킬 수도, 저지시킬 수도 있다. 그렇다면 잠재고객을 설득하는 최면 글쓰기는 어떻게 써야 할까?

자신이 무엇을 원하는지 인지하라

글을 쓰기 전에 성취하고 싶은 것이 무엇인지부터 알아야 한다. 목표가 무엇인가? 목적은 무엇인가? 잠재고객이 당신의 편지(광고 혹은 어떤 판촉물)를 읽고 어떻게 행동하길 바라는가?

이것은 바로 『당신의 글쓰기를 강화하라』의 첫 번째 단계다. 일단 목표가 정해지면 모든 단어, 모든 문장이 목표에 부합하도록 집중해야 한다. 전설적인 야구선수 베이브 루스는 타석에 오르면 미리 홈런 공을 넘길 위치를 지정한 것으로 유명했다. 역사상 가장 많은 홈런을 기록했던 루스는 흥행사였으며, 그의 행위에 관중은 열광했다. 베이브 루스는 목표를 정했고("오늘은 저쪽으로 공을 넘기겠습니다") 기대 이상으로 자주 그 목표를 달성했다.

내가 작문 세미나를 기획할 때였다. 나는 매니저들에게 보낼 편지를 쓰면서 100퍼센트 답장을 받고 싶었다. 모든 매니저들이 내 편지를 읽고, 흥미를 느끼고, 내게 전화해주기를 바랐다. 하지만 그런 일은 일어나지 않았다. 그럼에도 야심적인 목표 덕분에 나는 내 인생에서 가장 설득력 있고 호소력 짙은 편지를 쓸 수 있었다.

감성적 호소

1960년대에 로이 간은 『감정적 호소력을 지닌 마법의 힘The Magic Power of Emotional Appeal』이라는 놀라운 책을 집필했다. 이 책에는 대중의 마음을 사로잡을 수 있는 다양한 글쓰기 비법이 담겨 있었다. 그 비법을 전달하는 로이 간의 첫 번째 전제는 사람은 누구나 머릿속이 복잡하다는 것이었다. 돈 걱정, 직장 걱정, 자식 걱정, 미래에 대한 걱정 등등 잡다한 생각이 머릿속을 지배한다. 섹스에 빠져 있거나 보고 싶은 영화를 떠올리거나 건강을 염려할 수도 있다. 당신이 글을 읽는 지금 이 순간에도 머릿속은 갖가지 생각으로 가득할지 모른다. 따라서 작가나 강연자로서 해야 할 일은 독자나 청자가 잡다한 생각에서 벗어나 당신의 말을 듣도록 만드는 것이다. 독자의 마음을 움직이지 못하면 그들은 당신의 말을 한쪽 귀로 듣고 한쪽 귀로 흘려버릴 것이다.

그렇다면 어떻게 독자들로 하여금 다른 생각을 하지 못하게 할 수 있을까? 농담, 인용구, 일화, 통계, 헤드라인, 명칭 등이 사람들의 주의를 환기시켜 당신의 메시지에 몰입하게 만들 수 있다. 예를 들어 나는 소우트라인을 알리는 세일즈레터에서 사람들의 흥미를 끌 만한 표제를 사용했다. 내가 사용하는 다른 방법은 유명한 저자(레이 브래드버리 또는 스티븐 킹과 같은)의 인용구로 글쓰기를 시작하는 것이다. 이 역시 사람들의 관심을 끄는 효과가 있다.

또 하나의 방법은 사람들의 평상시 관심사에 접근하는 것이다. 예를 들어 당신이 작가를 섭외해야 한다면 그들의 관심사는 당연히 출판이다. 따라서 출판과 관련된 대화를 나누는 것이 효과적이다. 당신이 책의 출간에 도움을 주겠다고 하면 그들과 교감을 나눌 수 있다. 항상 이렇게 자문해 보라. '내 독자들의 관심사는 무엇일까?', '내 독자는 어떤 생각을 하고 있을까?' 당신의 글을 읽는 대다수 사람들은 아마도 서로 비슷한 관심사와 고민, 불만을 가지고 있을 것이다. 따라서 상대방이 관심을 보일 만한 이런 화제를 가지고 대화를 이끌어야 한다.

감성이 사람을 움직인다. 독자의 관심사에 접근할 때 그들의 감성에 제대로 호소할 수 있다. 그리고 이 과정에서 당신의 글은 최면 효과를 발휘하게 된다!

상대가 원하는 것을 주어라

잠재고객이 당신에게 원하는 것은 무엇일까? 당연히 현실적인 문제에 대한 현실적인 해결책이다. 그들은 사건의 현상이 아닌 이익을 원한다. 현상과 이익이라니, 어떤 차이가 있는 걸까? 이를테면 '현상'이란 "출시된 신차는 청색입니다"라고 말하는 것이라고 하면 '이익'이란 "파란색 차는 사고가 일어날 확률이 적어 훨씬 안전하다는 연구 결과가 나왔기 때문에 이번에 출시된 신차는 청색입니다"라고 말하는 식이다. 이익은 그 '사실'이 독자에게 왜 중요한지 이유를 알려준다. 당신의 독자도 우리 모두가 원하는 것을 똑같이 원한다. 행복, 더 나은 삶, 안전, 즐거움 등등.

당신 편으로 끌어들이는 질문을 던져라

"쉽고 매력적인 글을 쓸 수 있는 비결이 하나 있는데 알려드릴

까요?" 이 질문에 대한 답은 하나뿐이다. 글쓰기에 아예 무관심한 독자가 아니라면(다시 말하지만 일단 독자의 관심사를 공략해야 한다!) "네!"라고 대답할 수밖에 없다. "매달 여유가 되는 만큼만 돈을 내시면 풀옵션으로 신차를 구입할 수 있는데 한번 보시겠습니까?" 질문을 받은 사람이 자동차를 둘러보는 중이었다면 어떤 대답이 나오겠는가? "제게 수익이 확실히 보장되는 마케팅 전략이 있는데 한번 들어보시겠습니까?" 십중팔구 "네"라는 답이 나올 것이다.

생동감 넘치는 문장을 사용하라

인간은 무언가를 생각할 때 이미지를 떠올린다고 한다. 당신의 견해 혹은 제품에 대해 생생하게 묘사하라. 그것을 사용했을 때 어떤 맛이 나고, 어떤 느낌이 들고, 어떻게 생겼는지 생생하게 묘사하라. 당신의 글을 읽으면서 독자가 상상할 수 있도록 살아 숨 쉬는 형상을 그려내라. 그들이 당신의 제품을 직접 사용할 때 실제로 어떤 상황이 발생하는지 눈앞에 보이듯이 알려주는 것이다.

"당신의 컴퓨터를 켜면 소우트라인이 뜨면서 당신에게 인사를 한 다음, 프로젝트에 관한 질문을 던지기 시작합니다. 당신이 대답을 하면 그 대답에 기초하여 소우트라인이 또 다른 질문을 던집니다. 컴퓨터에게 말을 건넬 때 어떨지 상상해 보십시오. 컴퓨터와 실제로 대화를 나누는 것입니다." 그림이 그려지는가?

추천서를 활용하라

사람들이 더 이상 가지고 있지 않은 것이 무엇인지 알고 있는가? 그것은 바로 신뢰감이다. 통신판매 활동이 실패를 거듭하고 세일즈레터가 쓰레기통에 처박히는 첫 번째 이유는 잠재고객이 당신을 신뢰하지 않기 때문이다. 누구든 바가지를 쓰고 물건을 산 경험이 있을 것이다. 그래서 대다수 사람들은 새로운 물건을 즉흥적으로 구매하는 데 극도로 주저한다. 따라서 제품을 사용한 사람들로부터 추천서를 확보하는 것이 많은 도움이 된다. 모두가 익히 알 만한 사람들로부터 추천서를 확보하면 금상첨화다. 그들이 당신의 글에 신뢰감을 심어줄 것이기 때문이다.

그런데 추천서는 구체적이어야 한다. "나는 이 책을 좋아합니다"라는 표현보다 "협상에 관한 기술의 도움으로 3만 9천 달러의 계약을 성사시켰습니다"라는 표현이 훨씬 더 설득력 있다. 그렇다면 어떻게 추천서를 얻을 수 있을까? 당신의 제품을 사용한 사람들에게 부탁하라. 그들이 추천서를 쓰고 싶어 하지 않으면 그들을 대신하여 추천서를 작성한 다음 서명을 받으면 된다.

잠재고객의 신뢰를 얻는 또 다른 방법은 확실한 보증을 제안하는 것이다. 실제로 보증이 없을 경우 당신의 제품을 주문하거나 당신의 말을 곧이곧대로 믿을 사람은 거의 없을 것이다.

잠재고객에게 문제점과 해법을 상기시켜라

세일즈레터를 끝내기 전에 잠재고객에게 그들의 문제점을 상기시켜야 한다. 앞서 언급한 감정적 호소를 이용하면 된다. "거절 쪽지를 받는 것이 지긋지긋하다면 오늘 당장 내 책을 주문하여 당신의 좌절에 종지부를 찍으십시오." 이렇게 말하라! 『위대한 뇌 강도The Great Brain Robbery』와 『DIY 통신판매 핸드북The Do-It - Yourself Mail - Order Handbook』의 공동 저자인 머레이 레이펠은 공포심이 강한 동기 유발자라고 말한다. 그렇다고 잠재고객에게 겁을 주어 판매를 강요하라는 뜻이 아니다. 그 대신 잠재고객이 문제점을 가지고 있으며 당신에게 그 해법이 있다는 사실을 은근히 상기시키라는 것이다.

추신을 덧붙여라

잠시 생각해보라. 어떤 편지든 간에 편지를 받으면 어느 부분을 가장 먼저 읽는가? 연구 결과에 따르면 추신을 가장 많이, 또 가장 먼저 읽는 것으로 나타났다. 추신은 당신 제품의 최대 강점을 진술하거나, 확실한 보증을 제안하거나, 제품의 이점을 언급할 수 있는 기회의 장이다. 추신에 가장 유익한 정보를 넣으려고 애써야 한다. 사람들의 시선이 가장 먼저 머무는 곳이기도 하고, 오래오래 기억하는 곳이기도 하기 때문이다.

매력적으로 보이게 하라

글을 매력적으로 보이게 한다는 것은 짧은 단락, 적절한 대화, 굵은 점, 넓은 여백 등을 의미한다(널찍한 오른쪽 여백은 가독성에 도움을 준다).

만약 편지를 집어 들었을 때 오로지 활자로만 빽빽하게 채워져 있다면 그 글을 읽고 싶겠는가? 마뜩잖을 뿐 아니라 지루한 노동처럼 여겨지기 십상이다. 글을 매력적으로 보이게 해야 한다. 세일즈레터를 레이아웃하는 방식이 아직 글을 읽지 않은 사람의 호감을 불러일으킬 수 있다. 내가 권하고 싶은 것은 이런 식으로 당신의 세일즈레터를 매력적으로 보이게 하라는 것이다. 이것이 관심을 불러일으키는 흥미로운 첫인상을 남길 것이다.

당신이 판매하는 물건에 열중하라

어쩌면 이것이 가장 중요한 사항일지도 모른다. 스스로 믿을 수 없다면 그 물건은 팔 수 없다. 이것이 설득의 기본 원칙이다. 운전해보지 않은 자동차, 읽어 보지 않은 책, 사용해보지 않은 소프트웨어를 어떻게 팔 수 있단 말인가? 열정은 호소력이 있다. 하지만 당신이 먼저 확신이 서지 않으면 그 누구도 설득할 수 없다. 확신을 가지고 자신의 말에 열중하면 감정적으로 호소력이 있을 뿐 아니라 유용한 조언들도 자연스럽게 흘러나오기 마련이다. 그러니 자신이 쓴 글을 스스로 믿지 못한다면 뭔가를 쓰려고 애써서는 안 된다.

이런 지침을 따라가면서 잠재고객과의 정서적 관심사에 대해 생각하고, 자신 있게 그들과 대화를 나누어야 한다. 그렇게 하면 당신은 설득력과 최면 글쓰기를 모두 이끌어낼 수 있을 것이다.

31.
글을 예리하게 만드는
편집 비결

과연 교정이 중요할까? 어니스트 헤밍웨이의 말을 들어 보자.

"대다수 작가들은 그들의 직업에서 가장 중요한 부분, 즉 투우사의 검처럼 서슬 퍼런 날을 얻을 때까지 자신의 글을 갈고닦으며 고치는 작업을 반복한다."

『당신의 글쓰기를 강화하라』에 실린 공식의 마지막 단계인 교정과 고쳐쓰기는 당신이 정한 목표를 확실히 달성할 수 있는 기회를 제공한다. 첫 번째 단계에서 당신은 뭔가 특별한 것을 창조하고 싶다고 말했다. 두 번째 단계(고쳐쓰기)는 당신의 창조물을 확인할 수 있는 기회를 제공한다. 이 단계에서 당신은 비판의 목소리를 가진 제1자아, 즉 편집자를 다시 불러들인다. 왜 그럴까? 가능한 모든 도움을 원하기 때문이다. 완벽한 글쓰기를 원하는 것이다.

나는 대부분의 작가들이 자기 글을 교정하는 방법을 잘 모른다는 사실을 발견했다. 그들은 초고를 쓰고 철자와 구두점을 확인한 후 작품을 보낸다(유감스럽게도 이런 작가들은 시시한 글을 보내고 있다!). 다음은 글을 예리하게 만드는 몇 가지 효과적인 방법들이다. 헤밍웨이가 원했던 '면도날 같은 글' 말이다.

첫머리를 잘라내라

당신이 쓴 글에서 처음 몇 단락을 확인해보라. 그것을 삭제할 수 있는가? 첫 번째와 두 번째 단락을 없애도 그 기사가 여전히 온전한가? 만약 당신이 책을 쓰고 있다면 1장을 살펴보라. 당신은 그 장을 지워버릴 수 있는가? 1장이 없어도 책이 온전할 수 있는가?

기사처럼 짧은 글이라면 처음 몇 단락을 의심해야 한다. 그 단락의 삭제를 고려해 보라는 것이다. 두툼한 단행본처럼 장편이라면 첫 번째 장을 삭제하는 것이 가능하다. 왜 그럴까? 사실 이 첫 부분은 '예행연습'이나 마찬가지다. 꼭 필요한 부분이 아닐 수 있다. 서평가로서 나는 많은 자비 출판 책들을 보아왔다. 그 책의 작가들은 언제든지 책의 첫 번째 장을 삭제할 수 있음에도 불구하고 자기 글에 심취한 나머지 불필요한 부분을 삭제하지 않았다. 그런가 하면 잡지기자로서 나는 '독자의 흥미를 끌 만한 내용'으로 문장을 시작하려고 많은 애를 썼다. 하지만 편집자들은 툭하면 내 글의 첫머리를 가차 없이 지워버렸다. 그럼에도 지금껏 불평한 독자는 아무도 없었다!

당신이 쓴 글의 첫 문장을 살펴보라. 그 문장을 삭제해도 되는지 판단해 보라. 반드시 삭제해야 한다는 의미는 아니다. 다듬을 수 있는 부분인지 확인해보라는 것이다.

꼬리를 잘라내라

동일한 이유로 당신의 글 마지막 부분을 살펴보자. 기사처럼 짧은 글이라면 마지막 두 단락을 살펴보고, 두툼한 책이라면 마지막 장을 살펴보라. 그 부분을 삭제해도 내용이 여전히 온전한가? 그렇다고 마지막 부분을 무조건 다 삭제하라는 의미는 아니다. 단지 비판적인 시각으로 확인해보라는 것이다.

여섯 번째에 위치한 단어들을 잘라내라

캘리포니아에서 편집자로 활동하는 드윗 스콧은 본인의 글에서 여섯 번째 위치한 단어들을 무조건 제거하는 컴퓨터 프로그램을 공동으로 개발했다. 그 프로그램은 종종 필요한 단어들까지 삭제했지만 과감한 편집이 가능했다. 당신이 쓴 글을 살펴보자. 여섯 번째 위치한 단어 혹은 네 번째에 위치한 단락마다 그것을 다 삭제해버리면 어떻게 될까?

물론 꼭 필요한 단어나 구절을 삭제하는 경우도 종종 발생할 것이다. 하지만 자신의 글을 간결하게 만들 수 있다는 점에서 분명 도움이 된다. 오늘날 독자들은 간단명료한 글을 원한다. 당신의 글에서 불필요한 부분이 있다면 그것을 모두 지워버려라. 여섯 번째에 위치한 단어들을 모두 삭제하라는 의미는 바로 그렇게 하라는 것이다!

간혹 작가들이 자신의 글을 줄일 수 없다고 내게 말한다. 그들의 눈에는 본인의 글이 흠잡을 데 없이 완벽해 보이는 것이다. "만약 당신이 1천 달러를 받는다면 당신의 글을 다듬을 수 있나요?" 내가 물었다. 당연히 그들은 그렇게 할 것이다! 당신의 글은 바위에 조각된 글이 아니다. 오히려 플라스틱에 조각된 글에 가깝다. 얼마든지 변화시키고, 지우고, 고쳐 쓸 수 있기 때문이다. 당신의 글을 다시 읽을 때면 '여섯 번째에 위치한 단어들을 삭제하는 프로그램'을 명심해야 한다. 이것이 당신의 글쓰기를 강화하는 데 도움이 되기 때문이다. 다음은 소설가 엘모어 레오나드의 유명한 말이다.

"나는 사람들이 건너뛰는 부분을 지워버리려고 애쓴다."

스티븐 킹의 조언을 들어라

베스트셀러 공포 소설가인 스티븐 킹은 "자신의 원고를 10부 정도 카피해서 10명의 친구들에게 나누어 주라"고 제안한다. 피드백을 요청하면서 수정할 부분을 허심탄회하게 말해달라고 부탁하라는 것이다. 그렇다! 이렇게 하면 교정에 필요한 다양한 피드백을 얻을 수 있다. 그것도 공짜로 말이다!

여기서는 무엇이든 혼자서 판단하지 않는 것이 비결이다. 당신이 마치 어떤 실험의 연구자인 것처럼 자신이 해야 할 일을 표결에 부치는 것이다. 그러면 누가 당신의 글을 좋아하고, 누가 좋아하지 않는지 알 수 있게 된다. 스티븐 킹은 이렇게 해서 얻은 피드백을 통해 유사점을 찾으라고 조언한다.

10명의 친구들 중 다수가 5장을 이해할 수 없다고 말하면 그 장을 확인해야 한다. 하지만 소수가 다른 의견을 내놓으면 딱히 걱정할 필요가 없다. 모두를 다 만족시킬 수는 없는 노릇이기 때문이다. 중요한 것은 다수의 의견이다. 만약 10명이 모두 당신의 제목을 마음에 들어 하지 않는다면 그 제목을 바꾸어야 한다. 하지만 단 한 사람만 불평한다면 크게 신경 쓰지 않아도 된다.

누군가 당신의 글을 큰 소리로 읽게 하라

본인의 글쓰기 수준을 확인하는 데 있어 이것은 매우 효과적인 방법이다. 당신의 글을 친구에게 건넨 후 큰 소리로 읽어달라고 부탁해 보라. 왜 그래야 하는 걸까? 글을 읽은 과정이 가시화되기 때문이다. 친구가 자신의 글을 읽는 것을 들으면서 그 모습을 지켜보아야 한다. 만약 친구가 어떤 문장을 반복해서 읽거나 특정 단어들을 더듬거리거나 혹은 눈살을 찌푸린다면 그 부분은 다시 고쳐 써야 한다!

당신이 에이전트나 편집자나 고객에게 글을 보냈을 때 그들이 어느 대목을 읽기 힘들어 하는지 알 수 없다. 그들은 자기 사무실에서 당신의 글을 읽을 것이다. 당신은 그들이 어떤 생각을 할지 알 수 없다. 하지만 누군가 눈앞에서 당신의 글을 큰 소리로 읽어주면 이런 과정이 명료해진다. 읽기 힘들거나 군더더기 같은 대목이 명확히 드러나는 것이다.

최면 글쓰기가 효과를 발휘하려면 쉽고 단순하고 명료해야 한다. 그런데 누군가 당신의 글을 읽어주면 수정할 부분을 쉽게 발견할 수 있을 것이다.

자신의 글을 큰 소리로 읽어라

이것은 앞 단계가 여의치 않을 때 사용할 수 있는 차선책이다. 하지만 본인의 글을 직접 읽는 것만으로도 또 다른 시각을 가질 수 있다. 이 단계에서의 애로 사항은 당신이 써놓은 글이 있어야 한다는 것이다. 그래야 당신의 글이 어떻게 읽히는지 알 수 있다. 또 다른 단점은 앞 단계에 비해 문제점이 명확하게 드러나지 않는다는 것이다.

문법에 맞게 교정하라

나는 내 강의에서 문법을 강조하지 않는다. 『당신의 글쓰기를 강화하라』에 실린 공식을 따르기만 하면 문법이 저절로 개선된다는 단순한 이유 때문이다. 연구 결과에 따르면, 교정에 세심한 주의를 기울이면 저절로 문법의 규칙을 충실히 따르는 글을 쓸 수 있다고 한다.

휴식기를 가져라

3일에서 3주까지 당신의 글을 멀리할 필요가 있다. 왜 그래야 하는 걸까? 한동안 떨어져 있으면 좀 더 객관적인 시선으로 자신의 글을 볼 수 있기 때문이다. 그렇다고 초안을 끝낸 후에 휴가를 보내라는 의미는 아니다. 이 시기에는 새로운 글쓰기를 계획하는 것이 바람직하다. 잠시 글쓰기를 멈추는 것일 뿐이다.

혹시 자신이 보낸 편지를 두어 달 후에 다시 본 적이 있는가? 개인적으로 나는 그런 경험이 있다. 그때 나는 틀린 글자와 애매모호한 문장에 당혹감을 감출 수 없었다. 글을 쓴 직후에 편지를 살펴보았을 때는 완벽해 '보였다'. 하지만 며칠 또는 몇 달쯤 지나 다시 편지를 보았을 때에는 실수가 한눈에 들어왔다. 최소한 15분이라도 휴식기를 가져라. 그러고 나서 자신의 글을 다시 교정하라.

자르고 붙여라

컴퓨터를 소유하기 전에 나는 초안을 타이프로 치고 각각의 단락을 잘라낸 다음 이리저리 섞어 새로운 파일을 만들었다. 각각의 파일은 테마나 아이디어 혹은 특징별로 분류한 다음 새로운 배열로 글을 다시 타이핑했다. 매번 이런 식의 작업이었다.

첫 번째 초안은 바위에 새겨 넣은 글이 아니다. 얼마든지 순서를 바꿀 수도 있고, 한 장 전체를 삭제할 수도 있고, 새로운 장을 처음부터 다시 쓸 수 있기 때문이다.

키신저를 기억하라

『당신의 글쓰기를 강화하라』에서 정치가 헨리 키신저에 관한 일화를 언급했는데 여기에 다시 옮겨볼까 한다.

키신저는 보좌관에게 글쓰기 프로젝트를 할당했다. 보좌관은 그 프로젝트를 작성하여 제출했다. 그러나 이튿날 보좌관의 책상 위에 원고가 다시 돌아와 있었다. 거기에는 "자넨 더 잘할 수 있네"라고 적힌 키신저의 노란색 메모가 첨부되어 있었다. 보좌관은 프로젝트를 다시 작성하여 제출했다. 다음 날 보좌관은 책상 위에 같은 원고가 되돌아온 것을 발견했다. 거기에는 "자넨 더 잘할 수 있네"라는 또 다른 메모가 첨부되어 있었다.

보좌관은 프로젝트를 다시 작성하면서 꼼꼼하게 수정하고, 구체적인 사실과 수치를 덧붙이고, 교열을 본 후에 그것을 직접 제출했다. 그는 키신저에게 "장관님, 이것은 내 능력껏 최선을 다한 프로젝트입니다." 키신저는 원고를 받으면서 "그렇다면 내가 한번 읽어 보지"라고 대꾸했다. 사실 키신저는 이전에 초고를 읽은 적이 없었다! 단지 보좌관이 최고의 성과물을 만들어낼 수 있도록 짓궂은 장난을 쳤을 뿐이다.

당신은 언제나 더 잘할 수 있다. 지금 나는 하나의 프로젝트를 끝마칠 때마다 "넌 더 잘할 수 있니?"라고 스스로에게 자문한다. 나 자신에게 솔직할 수 있다면 얼마든지 더 잘할 수 있기 때문이다.

마무리

언제 당신은 교정을 중단할 것인가? 글이 완성된 시점을 어떻게 알 수 있을까? 나는 모르겠다. 이 시점을 정확히 아는 사람이 있을 거라는 생각도 들지 않는다. 내 경험상 가장 좋은 방법은, 능력껏 최선을 다하면서 목표에 부응했는지 확인하며 글쓰기를 계속하는 것이다. 잘못하면 글을 교정하는 데만 수년의 세월이 걸릴 수 있다. 절대 그렇게 해서는 안 된다! 최선을 다한 후 바로 작업을 마쳐라. 특히 다른 사람의 피드백이 추가 교정 작업에 도움이 될 것이다. 알베르트 아인슈타인은 이렇게 말했다. "무엇이든 더 이상 단순해지지 않을 때까지 최대한 단순하게 만들어야 한다."

32.
자신의 글을
섹시하게 만드는 방법

　섹스는 최면성이 있다. 광고에서 섹스를 노골적으로 사용하는 것도 이 때문이다. 그렇다면 어떻게 당신의 글을 가지고 섹스 어필할 수 있을까? 이것은 생각보다 어렵지 않다. 당신은 어떤 글을 읽고 싶은가? 윌리엄 포크너가 쓴 소설인가, 아니면 당신이 좋아하는 통신판매 카탈로그인가?

　섹시한 글쓰기를 가능케 하는 것은 '형식'이다. 윌리엄 포크너는 위대한 소설을 쓴 문학 천재였다. 그러나 그의 글을 보면 '행간을 두지 않고 활자로 가득한' 페이지로 구성되어 있는 경우가 종종 있다. 다음 행으로 활자들이 계속 이어지는 문장들의 연속이다! 마침표를 찾아 한 장을 다 뒤져야 하는 경우도 있다. 물론 포크너는 전설적인 작가다. 그러나 오늘날의 대다수 독자들은 오로지 활자들로만 가득한 페이지를 보고 싶어 하지 않는다. 그런 글은 매력적으로 보이지 않기 때문이다.

〈글을 매력적으로 보이게 하는 네 가지 방법〉

1. 책의 장이나 절의 단락을 명시하는 굵은 점을 활용한다.

2. 인용문을 활용한다.

3. 작은 부분으로 이루어진 단락을 활용한다.

4. 박스를 활용한다.

굵은 점

'굵은 점'이란 점이나 별 표시를 말한다. 언제 어디서든 굵은 점을 사용할 수 있다. 특정한 아이디어나 핵심 요소를 표시하는 이런 방식을 독자들은 좋아한다!

인용문

독자들은 인용문도 좋아한다. 인용 부호를 넣어 보라. 독자들은 먼저 인용문부터 읽을 것이다. 왜 그럴까? 인간은 다른 인간에게 관심을 보이기 때문이다. 그들은 당신이 말하고자 하는 것보다 누군가 말했던 것을 더 알고 싶어 한다. 호라티우스는 이렇게 말했다. "언제나 같은 악기로 연주하는 음악가는 비웃음을 받는다(생각해볼 문제다)."

작은 단락들

한 문장 내지 두 문장으로 단락을 나누어라. 단락이 길어지면 내용을 이해하기 힘들어진다. 당신이라면 단락 구분이 되어 있는 글과 그렇지 않은 글 중에서 어느 것이 읽고 싶은가? 다음은 둘 다 동일한 세일즈레터다. 어느 글이 더 읽기 쉬울까?

〈사례1〉

메모를 읽고 나서 그 의도를 알기 위해 글쓴이에게 얼마나 자주 전화를 걸었습니까? 곧 있을 회의에서 설명하기 위해 얼마나 자주 보고서를 보았습니까? 글을 통한 의사소통이 원활하지 않으면 시간과 돈의 낭비가 뒤따릅니다. 당신도, 나도 아는 사실입니다. 그렇다면 문제의 해결을 위해 무엇을 할 수 있을까요? 내게 두 시간을 할애해 주십시오(한 시간 만이라도 좋습니다). 당신과 당신의 동료들에게 글을 잘 쓰는 법을 가르쳐 드리겠습니다! 나는 글쓰기에 관한 책을 세 권이나 출간한 글쓰기 전문가입니다. 오랜 세월 나는 완벽한 글쓰기를 위한 새로운 방법을 발전시켰습니다. 나의 7단계 공식은 이미 수백 명에 이르는 사람들의 글쓰기를 향상시켰습니다. 현재 그들은 메모, 편지, 보고서를 쉽고 명확하게 쓸 수 있습니다. 작가, 편집자, 연설가, 심리학자, 엔지니어, 영업사원, 변호사, 컴퓨터 프로그래머, 고등학생에서부터 사무원, 회계사, 경영자에 이르기까지 다양한 직업에 종사하고 있는 그들에게 물어보십시오. 그들은 모두 만족해하고 있습니다. 내 프로그램은 흥미롭고 독특하며 혁신적입니다. 이것은 소기의 성과를 거둔 검증된 방식입니다. 확실한 효과를 보장합니다. 이 글쓰기 강화 프로그램으로 당신은 분명 혜택을 누릴 겁니다. 내가 직접 방문하여 프로그램을 실행시키겠습니다. 이 프로그램이 얼마나 이득이 될지 스스로 판단하십시오. 상세한 설명이 필요하다면 전화를 걸어 주시길 바랍니다. 3일 내로 전화를 주시면 나의 베스트셀러『당신의 글쓰기를 강화하라』를 무료로 보내드리겠습니다. 당신은 손해 볼 게 하나도 없습니다. 오히려 많은 시간과 돈을 절약할 수 있습니다!

〈사례2〉

메모를 읽고 나서 의도를 알기 위해 글쓴이에게 얼마나 자주 전화를 걸었습니까? 다음 회의에서 설명하기 위해 얼마나 자주 보고서를 보았습니까? 글을 통한 의사소통이 원활하지 않으면 시간과 돈의 낭비가 뒤따릅니다. 당신도 알고, 나도 아는 사실입니다. 그렇다면 이런 문제의 해결을 위해 당신은 무엇을 할 수 있을까요?

내게 두 시간을 할애해주십시오(한 시간만이라도 좋습니다). 그러면 당신과 당신의 동료들에게 글쓰기 강화법을 가르쳐 드리겠습니다!

나는 글쓰기에 관한 책을 세 권이나 출간한 글쓰기 전문가입니다. 오랜 세월 나는 완벽한 글쓰기를 위한 새로운 방법을 발전시켰습니다. 나의 7단계 공식은 이미 수백 명에 이르는 사람들의 글쓰기를 크게 향상시켰습니다. 지금 그들은 메모, 편지, 보고서를 쉽고 명확하게 작성하고 있습니다.

나의 가르침을 받은 각계각층의 사람들에게 물어 보십시오. 그들은 작가, 편집자, 연설가, 심리학자, 엔지니어, 영업사원, 변호사, 컴퓨터 프로그래머, 고등학생부터 사무원, 회계사, 경영자에 이르기까지 다양한 직업에 종사하고 있습니다. 그들은 모두 만족해하고 있습니다.

내 프로그램은 흥미롭고 독특하며 혁신적입니다. 내가 당신에게 제안하는 것은 소기의 성과를 거둔 검증된 방식입니다.

나의 글쓰기 강화 프로그램으로 당신은 분명 혜택을 누릴 겁니다. 내가 직접 방문하여 프로그램을 실행시키겠습니다. 이 프로그램이 얼마나 이득이 될지 당신 스스로 판단하십시오.

상세한 설명이 필요하다면 전화를 걸어 주시길 바랍니다. 3일 내로 전화를 주시면 나의 베스트셀러 『당신의 글쓰기를 강화하라』를 무료로 보내드리겠습니다.

당신은 손해 볼 게 하나도 없습니다. 오히려 많은 시간과 돈을 절약할 수 있습니다!

한눈에 보기에도 후자가 섹스어필하는 세일즈레터다. 그렇지 아니한가?

박스

사람들은 박스 안에 들어 있는 내용이라면 무엇이든 읽는다. 그렇다. 당신은 자신의 글을 '섹시하게' 만들 수 있다. 이 조언은 언제나 효과가 있다. 한번 시도해보라.

33.
사람들은 어떻게
생각할까?

대다수 웹사이트(혹은 세일즈레터)는 형편없다. 제품 구매를 간청하는 이들이 자신에 관한 이야기만 하는 글이기 때문이다. 차별화를 시도하려면 자신이 아닌 타인의 입장에서 생각하는 방식으로 글을 써야 한다. 『내게 스토리를 말하라Tell Me a Story』의 저자 로저 섕크는 이런 주장을 한 적이 있다.

"'스토리'라는 형태로 말하지 않을 경우 사람들은 쉽게 기억하지 못한다. 우리는 타인의 스토리로부터 배움을 얻을 수 있다."

섕크는 "사람들은 스토리를 좋아한다."라는 말도 했다. 요컨대 기본적인 3단계 공식에 따라 최면 글쓰기를 하고 싶다면 가장 바람직한 형태는 스토리를 통해 글을 쓰는 것이다.

나는 스토리를 좋아한다. 많은 반향을 일으켰던 내 기사와 책, 웹사이트, 오디오 작업들도 모두 스토리를 담고 있다. 일반적으로 대중은 스토리에 쉽게 끌린다.

만약 당신이 앞서 말한 한 가지 정의("사람들의 마음속에 당신이 심어놓은 정신적 이미지로 듣는 사람들을 반응하게 만드는 모든 것이 각성 최면이다")를 기억한다면 글로 쓰인 스토리가 정신적 이미지를 이끌어내는 좋은 수단임을 알 수 있을 것이다.

사람들이 당신의 스토리를 읽는 그 순간 그들의 머릿속에서도 그 스토리가 전개된다. 그 순간에 당신은 그들에게 영향을 미칠 수 있다. 그 순간에 당신은 그들의 활동을 컨트롤할 수 있다. 정신적 이미지를 가지고 그들의 생각에 영향을 미칠수록 그들을 당신의 웹사이트로 더 가깝게 끌어들일 수 있다. 간단히 말하자면 스토리가 곧 강력한 수단이 되는 것이다. 그렇다면 실제로 사람들의 행동을 유발하는, 최면 글쓰기로 작성된 스토리를 어떻게 만들 수 있을까?

34.
최면 스토리를
만드는 방법

최면 글쓰기로 스토리를 만드는 것은 생각만큼 어렵지는 않다. 당신이 해야 할 일은 당신의 제품이나 서비스를 사용하면서 경험한 스토리를 기억하는 것이다. 그 스토리는 사실이어야 한다. 내가 글쓰기를 하는 이유는 이 세상에 정직과 선의를 퍼트리는 것이기 때문이다. 게다가 스토리가 사실이면 글쓰기도 한층 더 수월해진다.

최근에 나는 로버트 앤소니 박사의『긍정적인 사고를 넘어서 Beyond Positive Thinking』라는 책을 녹음했다. 이 책은 개인적으로 자기계발 분야의 성배로 높이 평가하는 책이다. 나는 CD세트 판촉을 위한 웹사이트를 개설하면서 앤소니 박사에게 "이 책에 감동받아 인생의 변화를 겪은 사람들의 사례가 있으면 좀 들려달라"고 부탁했다. 그가 내게 들려준 사례 중 하나가 다음과 같이 웹사이트에 실려 있다.

레이몬의 이야기

오래 전 나는 레이몬이라는 사람을 만났다. 실제로 나의 책『당신이 사랑하는 것을 행하고, 당신이 행하는 것을 사랑하라Doing What You Love-Loving What You Do』에도 그에 관한 내용이 실려 있다. 레이몬은 캘리포니아에서 큰 성공을 거둔 사업가이자 지금껏 내가 만난 이들 중에서 정신적으로 가장 성숙한 인물이었다.

내 친구가 레이몬에게『긍정적인 사고를 넘어서』를 선물한 것이 레이몬과의 만남을 가지게 된 계기였다. 레이몬은 테이프로 제작된 자기계발서들은 물론 나이팅게일 코넌트 사의 제품도 모두 구비해 두고 있었다. 그는 롤스로이스 차 안에서 라디오를 듣지 않았다. 그 대신 사무실을 오가는 60분 동안 자기계발 프로그램을 경청했다. 이미 성공을 거둔 억만장자임에도 불구하고 한시라도 배움을 멈추지 않았던 것이다.

레이몬은 내게 이런 말을 했다. "당신의『긍정적인 사고를 넘어서』테이프는 지금껏 만들어진 자기계발 테이프 중에서 단연 으뜸입니다."

내 책의 테이프에 깊은 감명을 받은 그는 한 번에 25세트를 구매하여 롤스로이스 트렁크 안에 넣어두었다. 그리고 도움을 주고 싶은 사람을 만날 때마다 공짜로 한 세트씩 나눠줬다. 그 이후 가끔씩 그는 내게 전화를 걸어 테이프 덕분에 그들에게 일어난 '기적 같은' 결과와 그들의 변화에 관한 이야기를 들려주었다.

수년 동안 그는 내게서 테이프를 300세트 넘게 구입했다. 그리고 삶을 변화시키는 데 있어『긍정적인 사고를 넘어서』보다 더 효과적인 제품은 아직 발견하지 못했다는 말을 지금도 계속하고 있다.

가만히 보면, 이 일화는 은근히 최면을 거는 메시지를 전달하고 있다. 로버트 앤소니 박사의 테이프가 효과를 발휘한 것이다. 단순히 "로버트 앤소니 박사의 방법이 효과가 있었다."라고 말했다면 당신은 내 의견을 귓등으로 들었을지도 모른다. 내가 뭔가 팔아먹으려고 수작을 건다고 오해할 수도 있기 때문이다. 하지만 누군가의 매혹적인 스토리로 의미를 전달하면 그 메시지는 곧바로 듣는 이의 무의식을 파고들 수 있다.

물론 웹사이트 어딘가에서 '로버트 앤소니 박사의 방법은 효과가 있었다'고 단정적으로 말할 수도 있다. 이것도 유용한 방식이다. 이 주장 역시 최면성이 있기 때문이다. 최면술사들이 "아직 잠들지 않았나요?"라고 묻는 대신 "당신은 점점 더 깊은 잠에 빠져듭니다"라고 말하는 것도 이 때문이다. 명령도 효과적이다. 그러나 동일한 메시지를 스토리로 전달하는 것이 훨씬 더 효과적이다. 이 방식으로 사람들의 의식뿐만 아니라 무의식과도 소통할 수 있기 때문이다.

나는 잭 런던, 마크 트웨인, 로버트 콜리어, 셜리 잭슨은 물론 역사상 가장 위대한 최면술사인 밀턴 에릭슨으로부터 스토리의 힘을 배웠다. 에릭슨은 남다른 기술을 가진 독특한 치료사였다. 그는 환자들에게 문제가 있다면, 문제 그 자체를 이용하여 문제를 해결했다.

예를 들어 누군가 귀에 거슬리는 시계 소리를 불평한다면 그는 시계 소리를 이용하여 일종의 최면을 걸었다. 에릭슨은 그에게 시계 침 속도를 빠르게 혹은 느리게 할 수 있는지 물었다. 그가 통제력을 되찾을 수 있도록 도움을 준 것이다.

그런데 방금 내가 말한 것이 바로 '최면 스토리'이다. 이런 스토리는 재미있고 교육적이며 최면성까지 있다. 게다가 다양한 메시지도 전달한다. 당신은 의식적 혹은 무의식적으로 이런 메시지를 받아들인다. 스토리의 힘을 알고 싶은가? 훌륭한 스토리는 사람을 유혹하는 마력을 가지고 있다.

내 집에 15개의 자동인형을 가져다준 최면 스토리

조 비테일

1844년에 위대한 서커스 흥행사 P.T. 바넘은 유명한 마술사였던 로베르 우댕으로부터 자동인형을 구입했다.

로봇과 비슷한 자동인형은 생명체를 흉내 낸 기계 장치였다. 18세기 중엽에 자동인형이 대유행이었다. 기계로 만든 오리와 코끼리, 움직이는 그림, 글을 쓰고 그림을 그리고 악기 연주까지 가능한 인조인간 등등. 자동인형은 시계 부품, 금속, 목재 등을 이용하여 매우 복잡하고 정교하게 만들어졌다.

로베르 우댕이 만든 자동인형은 글을 쓰고 그림을 그렸으며 심지어 간단한 질문까지 가능한 실물 크기의 인조인간이었다. 한때 프랑스 왕 앞에서 그 자동인형을 전시한 적도 있었다. 바넘은 제너럴 톰슘과 함께 유럽 여행을 하던 도중 소문을 듣고 그 자동인형을 구입했다. 하지만 전설적인 자동인형은 바넘의 집에서 발생한 화재로 소실되고 말았다.

나는 자동인형(오늘날 거의 자취를 감춘 예술품)을 제작하는 소수의 장인들에게 로베르 우댕이 만들고 바넘이 소유했던 것과 똑같은 자동인형을 복원할 수 있는지 물어보았다. 그러자 그들은 비용이 약 25만 달러에 달하며 제작 기간도 일 년 이상 걸린다고 대답했다. 결국 나는 자동인형 제작을 포기할 수밖에 없었다.

그러다 한 달쯤 지나 새로운 잠재고객으로부터 전화 한

통을 받았다. 그는 나와의 전화 통화를 기뻐했다. 마술을 공연하면서 스피커스 뷰로(강연자 사무국)를 운영하던 그는 내 저서를 잘 알고 있었다. 우리는 활발하게 대화를 나누었다. 대화 도중에 그가 불쑥 자동인형 몇 개를 물려받았다는 얘기를 꺼냈다. 나는 그 말을 믿을 수 없었다.

"뭐라고요!" 흥분한 나는 제대로 말을 잇지 못한 채 소리를 질렀다.

"절친한 제 친구분이 만든 자동인형을 몇 개 가지고 있습니다. 그분이 유언으로 자동인형을 내게 물려주었죠." 그가 말했다.

"자동인형을 몇 개나 가지고 있나요?"

"자세히는 모르겠지만 열다섯 개쯤 될 겁니다."

"열다섯이라고요?" 열다섯이 아니라 자동인형을 가지고 있다는 사실만으로도 나는 어찌할 바를 모르며 중얼거렸다.

"자동인형 하나는 독심술이 가능하고, 다른 하나는 허공에 뜰 수 있습니다. 저마다 다른 능력을 가지고 있습니다."

그의 설명을 들으며 내가 얼마나 놀랐는지 당신은 상상조차 하지 못할 것이다. 내게는 자동인형의 성배를 발견한 것이나 마찬가지였다. 이 특별한 장치들은 모두 현대에 제작되어 가치 면에서 로베르 우댕이 만든 자동인형에 비할 바가 아니었다. 하지만 오늘날에는 자동인형이라면 무조건 희귀한 수집품이었다. 나는 당혹스러웠다. 그리고 그 자동인형들을 몹시 갖고 싶었다.

"얼마에 자동인형을 파실 수 있나요?" 내가 물었다.

"저는 결코 자동인형을 팔지 않을 것입니다. 아흔 살까지 사시면서 나를 친자식처럼 아끼던 분으로부터 물려받았으니까요. 나는 죽을 때까지 그 인형을 보관할 생각입니다."

그 순간 나는 최면 스토리를 즉석에서 만들어냈다.

"당신의 심정은 충분히 이해할 수 있습니다." 나는 이야기를 시작했다.

"약 20년 전, 내가 살던 곳의 집주인은 내가 음악에 심취해 있다는 사실을 알게 되었습니다. 그래서 그는 내가 하모니카 연주를 듣고 기타 배우는 데도 관심이 있을 거라고 생각했습니다. 어느 날 그는 아무 대가 없이 15년이나 된 기타를 내게 건넸습니다. 그러면서 그는 평생 잊을 수 없는 한마디를 했습니다. 당신이 이 기타를 다른 사람에게 그냥 주는 건 상관없지만 절대 팔지 않았으면 한다고요. 나는 그의 말을 반드시 지키겠다고 그에게 약속했습니다. 지금까지 나는 그 기타를 소유하고 있습니다. 절대로 그 기타를 파는 일은 겁니다. 하지만 자격을 갖춘 적임자가 나타난다면 그에게 그냥 넘겨줄 생각입니다."

사실 그 최면 스토리는 교묘한 수법이었다. 전화를 통해 내 이야기를 듣던 잠재고객은 아마 마음속으로 이렇게 생각했을 것이다.

'조에게 자동인형을 거저 주는 건 상관없지만 절대 팔아선 안 돼.'

이때부터 우리가 한 일은 열다섯 개의 자동인형을 내게 주어도 서로의 마음이 불편해지지 않도록 공정한 협상을 하는 것이었다. 일주일쯤 지나 우리는 그의 수집품을 내가 물려받는 대신 특정 마케팅으로 그에게 도움을 준다는 조건하에 협상을 마무리 지었다. 현재 자동인형은 내 소유가 되었다. 거래가 끝난 후 나는 자동인형을 내게 넘겨주겠다는 심적 변화가 왜 생겼는지 그 이유를 물었다.

"당신의 집주인 이야기 때문이었습니다." 그가 대답했다. "그 이야기가 마음에 와닿았습니다. 나는 자동인형을 물려준 내 친구라면 틀림없이 당신에게 그 자동인형을 그냥 넘겨줄 수는 있지만 절대 팔진 않을 거라고 생각했습니다."

최면 스토리는 기적과도 같은 효과를 발휘할 수 있다. 누군가를 설득하고 싶을 때마다 유사한 상황을 성공시켰던 사람에 관한 스토리를 떠올려보라. 그 스토리가 직접적으로 요구하는 것보다 더 쉽게 상대의 마음을 움직일 수 있을 것이다. 그리고 기적 같은 결과를 가져올 것이다.

알다시피, 스토리는 최면 글쓰기의 중요한 일부다.

35.
잠재고객의 마음속에 있는
'지휘본부'를 조종하는 방법

지금껏 내가 그 누구에게도 알려주지 않았던 귀중한 비밀을 털어놓으려 한다. 이 비법을 사용하면 잠재고객의 머릿속으로 들어가 당신이 원하는 대로 그들의 생각을 컨트롤할 수 있을 것이다(당신의 제품이나 서비스를 구매하려고 그들이 당장 송금하는 것도 가능하다). 믿어지지 않는가? 그럼, 계속 이 글을 읽어주었으면 한다. 내 주장을 입증해 보이겠다. 틀림없이 당신은 이제부터 내가 설명하려는 것을 그대로 실천하고 있을 것이다. 수세기 전에 사람들은 입술을 움직이며 책을 읽었다. 그러다가 세월이 흘러 사람들은 입을 다물고 책 읽는 법을 익혔다. 그러나 모든 사람들이 지금도 머릿속에서 단어들을 중얼거리며 글을 읽고 있다. 마치 큰 소리로 말하는 것 같지만 실제로는 자기 자신에게만 말하는 것이다. 어쩌면 지금 당신도 이렇게 말하고 있는지 모른다. 이것은 지능과 아무 상관이 없다. 대대수가 이런 식으로 글을 읽는다. 나 역시 머릿속으로 단어들을 '중얼거리면서' 글을 읽고 있다. 이것이 대대수 사람들이 글로 적힌 단어들을 받아들이는 방식이다. 걱정할 필요는 없다. 당신은 지극히 정상이다.

그런데 이것이 왜 중요할까? 이런 방식으로 사람들의 머릿속으로 들어가 최면에 걸리게 하는 명령을 내릴 수 있기 때문이다. 참으로 놀라운 능력이다. 사람들이 당신의 세일즈레터를 읽는 순간 당신은 곧장 그 사람의 머릿속으로 들어간다. 그들은 당신이 적은 단어들(당신이 올바로 적은 당신의 명령)을 스스로에게 되풀이한다. 당신이 그들의 '지휘본부'를 점령한 것이다.

여기서 내가 어떤 능력을 가지고 있는지 상상해 보라! 속독 과정을 이수하지 않은 한 당신은 다른 사람들과 별 차이가 없을 것이다. 지금 마음속으로 내가 들려주는 단어들을 읽고 있을 테니 말이다. 실제로는 내가 당신의 머릿속에 있는 것이다!

내가 당신을 움직이게 하려면 무엇을 해야 할까? 내 책을 사도록 해야 할까? 당신의 카피 작성을 위해 나를 고용하게 해야 할까? 밖으로 같이 나가 내가 시키는 대로 행동하게 해야 할까? 글쎄, 잘 모르겠다.

이제 당신은 내가 어떤 능력을 가지고 있는지 알고 있을 것이다. 하지만 일단 원리를 터득하면 당신 역시 동일한 능력을 발휘할 수 있다. 다음은 이 같은 능력으로 잠재고객의 마음을 컨트롤하는 방법이다.

첫째, 잠재고객이 머릿속으로 당신이 쓴 단어들을 발음하면서 당신의 세일즈레터(또는 광고, 메모, 이메일, 웹 카피 등등)를 읽고 있다는 사실을 인지하고 있어야 한다. 이것은 당신이 '금단의 영역'에 위치해 있으며 그들의 뇌를 컨트롤할 준비가 되었음을 의미한다.

둘째, 잠재고객이 글을 읽으면서 생각한다는 사실을 명심해야 한다. 지금 당신이 이 장을 읽으면서 그렇게 하고 있다. 당신은 글을 읽으면서 스스로에게 말하고 있는 것이다.

잠재고객은 또 글을 읽으면서 마치 당신이 눈앞에 있는 것처럼 질문을 할 것이다. 최면 글쓰기의 작가로서 당신이 할 일은 이런 질문을 예상하고 합당한 답변을 하는 것이다. 한번 시도해 보시라. 그러면 잠재고객은 당신의 명령을 따를 것이다.

내 생각에 동의하는가? 앞서 말했듯이 과거에 나는 단 한 번도 이 개념을 언급한 적이 없다. 외부로 노출하기에 아까울 정도로 효과가 크기 때문이다. 그럼에도 이 비법을 알려주는 것은 최면 글쓰기에 관한 나의 시리즈 소재를 확대해 달라는 마크 조이너의 부탁을 받았을 때 비장의 카드로 신세를 갚아야겠다는 생각이 들었기 때문이다.

이 책에서 배운 최면 글쓰기 비법을 활용하여 세일즈레터를 작성해보라. 잠재고객의 관심을 유도하고 욕구를 불러일으키며 그들이 가까이 다가올 수 있도록 당신이 배운 모든 수단을 활용해 보라. 또 글을 쓰면서 이렇게 자문해 보라. '지금 내 글을 읽는 사람은 무슨 생각을 하고 있을까?'

이것은 기존의 전화 판매에서 상대방의 거부 의사를 무마시키는 과정과 아주 흡사하다. 차이점이 있다면 당신은 글쓰기로 이 과정을 실행에 옮기고 있다는 것이다. 아마도 당신의 고객은 바로 눈앞이 아니라 멀리 떨어져 있을 것이다. 그러나 고객은 머릿속으로 당신이 쓴 단어들을 발음하며 당신의 글을 읽고 있다. 그러면서 질문을 한다. 그 질문들을 예상하고 그에 맞는 적절한 답변을 준비하라. 그러면 설득력 있는 세일즈레터를 완성할 확률이 커질 것이다.

다른 방식으로 설명할 수도 있다. 최면술사들은 마음속에 이미 거부 의사를 가지고 있지 않은 한 당신이 그들의 명령에 복종하리라는 것을 잘 알고 있다. 예컨대 그들은 당신에게 이렇게 말할 수 있다.

"나가서 창문을 여세요." 만약 당신이 "그러나 바깥 날씨가 너무 추워" 혹은 "내가 창문을 열 이유가 없어"라는 식으로 거부하는 의사를 가지고 있지 않다면 당신은 그의 명령을 따를 공산이 아주 크다.

이와 동일한 역학 관계가 독자들의 내면에도 그대로 적용된다. 당신은 그들에게 이렇게 요구할 수 있다. "내가 판매하는 새로운 장치를 주문하고 당장 돈을 송금하세요." 만약 그들이 거부 의사를 가지고 있지 않다면 당신 요구를 그대로 따를 것이다. 물론 대다수 잠재고객은 거부 의사를 가지고 있을 것이다. 여기서 당신이 해야 할 일은 거부 의사를 미리 예상하고 적절한 답변을 준비한 후 그들에게 명령하는 것이다. 나 역시 내가 작성한 모든 세일즈레터에서 잘 알려지지 않은 이런 최면 기술을 이용하고 있다.

나는 혜택을 미리 알려주어 호기심을 자극하는 방식으로 타이틀을 정하려고 노력한다. 관심을 끄는 시작 글을 쓰기 위해 고민을 거듭하는 것이다. 그리고 '최면 글쓰기를 위한 대화방'을 이용하여 세일즈레터를 작성한다. 즉 내 제품이나 서비스에 관해 누군가에게 이야기하듯이 세일즈레터를 작성하는 것이다. 실제로는 나 자신에게 말하는 것이다. 그러면서 나는 잠재고객의 다음 질문을 상상한다. 마음속에서 대화가 진행된다.

만약 내가 세일즈레터를 올바른 방식으로 작성한다면 분명 잠재고객의 마음속에서도 동일한 대화가 진행될 것이다. 이 장에서 당신 역시 이렇게 하고 있을 것이다. 당신은 내 글을 읽으면서 스스로에게 질문을 던지고 있다. 그렇지 않은가?

나는 이 장에서 줄곧 나 자신에게 질문을 던졌다. '나의 독자는 무슨 질문을 할까?'

당신의 질문을 예상하면서 나는 설득력 있는 방식으로 그 질문을 컨트롤할 수 있었다. 내가 생각하는 대로, 또 내가 원하는 행동으로 당신을 유도하고 있는 것이다. 예를 들어 첫 단락을 마친 직후에 나는 "믿어지지 않는가?"라는 질문을 던졌다. 내가 이 질문을 던진 것은 당신 역시 마음속으로 동일한 질문을 하고 있기 때문이다. 당신은 내가 쓴 첫 단락(사람들이 당신에게 송금하도록 하는 방법을 알려주겠다는 호언장담에 관한 내용)을 읽으면서 마음속으로 이렇게 중얼거렸을 것이다. '정말 믿을 수 없군. 한번 입증해 보시지.'

바로 그 순간 내 질문이 먹혀든다. 나는 당신이 어떤 생각을 하고 있는지 미리 예상하고, 대화 방식을 이용하여 적절한 답변을 내놓았다. 그렇다면 당신이 내 글을 읽는 동안 당신의 마음속에 내가 무엇을 심어놓은 걸까?

이 장을 처음부터 다시 읽으면서 이런 '대화 방식'이 과연 효과적인지 확인해 보라. 그리고 당신의 다음 행동을 눈여겨보라. 틀림없이 내가 당신의 내면에 은밀하게 심어놓은 명령으로부터 영향을 받았을 것이다. 그리고 당신의 거부 의사가 동세를 받으면 당신은 내가 원하는 대로 행동할 수밖에 없었을 것이다.

223

36.
항상 효과를 발휘하는
최면 지시

나는 최면술사들에게서 언제나 효력을 발휘하는 한 가지 최면 지시법을 배웠다. 유능한 최면술사는 절대로 어떤 주제나 선택사항을 설정하거나 '당장 잠들어야 할 이유들'을 제시하지 않는다.

유능한 최면술사는 "내가 셋까지 세면 당신은 눈을 감게 됩니다"나 "내가 손가락으로 소리를 내면 당신은 개처럼 짖게 됩니다"와 같은 간단한 지시를 내린다. 이런 지시에 상대방은 반응을 한다. 사람들이 최면술사의 말을 따르고 싶어 하는 데다 그들에게 별다른 선택권이 주어지지 않기 때문이다.

당신의 잠재고객도 마찬가지다. 그들에게 '반드시 구매해야 할 이유'들만 잔뜩 늘어놓으면 자칫 그들을 따분하고 싫증 나게 하거나 그들의 반감을 살 수 있다. 하지만 언제나 효력을 발휘하는 한 가지 '최면 지시'만 내밀 수 있다면 그들은 당신의 의도대로 행동할 것이다. 증거가 필요한가? 좋다. 그렇다면 이 질문에 대답해 보라. 당신은 왜 이 장을 읽고 있는가?

확신컨대, 이 장의 타이틀을 보고 당신은 읽을 만한 가치가 있다는 기분이 들었을 것이다. 당신은 언제나 효력을 발휘하는 한 가지 최면 지시를 알고 싶어 한다. 판매 실적을 올리거나 데이트에 성공하거나 사람들에게 더 많은 것을 얻어내는 데 활용할 수 있기 때문이다.

그건 그렇고 당신은 내가 이 장을 읽어야 할 이유를 설명하지 않았다는 사실에 주목해야 한다. 나는 단 '한 가지' 문장(이 장의 타이틀)만 제시했고 당신은 그 제목만 믿고 글을 읽기로 결심했다. 그 외의 다른 이유들은 내가 아닌 당신이 생각해낸 것이다.

당신의 이런 생각이 바로 이 장에서 설명하려는 핵심이다. 당신은 단 '한 가지' 이유만으로 이 장을 읽고 있다. 물론 그 이유를 뒷받침하는 다양한 근거가 있을 수도 있지만 가장 중요한 점은 당신의 관심이 그 말에 완전히 사로잡혔다는 것이다. 내가 당신에게 언제나 효력을 발휘하는 최면 지시를 알려준다고 약속했기 때문이다.

현재 최고의 카피라이터들이 선호하는 방식은 대중에게 제품을 구매해야 하는 이유들을 나열하고 구매 고객들이 그 제품을 좋아한다는 온갖 증거들을 제시하는 것이다. 그런데 효과적인 최면 지시를 포함하고 있는 한 세일즈레터를 작성하는 이런 접근법은 그다지 어렵지 않다.

여기서 강조하고 싶은 것은 한 가지 최면 지시(적절하게 활용될 경우)만으로도 놀라운 효과를 발휘하기 때문에 군이 광고하는 제품을 구매해야 할 이유들을 장황하게 늘어놓을 필요가 없다는 것이다. 적당한 최면 지시 문구와 그럴듯한 스토리만 작성할 수 있다면 엄청난 세일즈 실적을 거둘 수 있다(실제로 나는 그런 성과를 거두었다!). 어쩌면 내 생각이 극단적일 수 있지만 이야기는 끝까지 들어봐야 한다.

'언제나 효력을 발휘하는 한 가지 최면 지시'는 당신이 대상으로 삼는 잠재고객에 의해 결정된다. 나는 이 내용을 구성하면서 '과연 독자들이 알고 싶어 하는 한 가지가 무엇일까?'를 심사숙고했다. 이미 두 권의 전자책을 출간하여 나를 최면 글쓰기 작가로 인지하고 있을 테니 독자들은 더 심도 깊은 내용에 흥미를 가질 거라고 나는 판단했다. 또한 타이틀을 '언제나 효력을 발휘하는 한 가지 최면 지시'로 정하면 독자들이 무의식중에 놀라운 내용을 배울 수 있다는 기대를 가질 거라는 생각도 들었다. 여기서 그 내용을 간단히 요약하자면 잠재고객이 원하는 한 가지를 정확히 파악해서 당신이 말하려는 모든 것들에 포함시키라는 것이다.

만약 당신이 세제를 판매한다면 '향기가 좋아요'부터 '탈색과 변색을 방지해요', '찌든 때를 제거해요', '가격이 저렴해요', '찬물과 더운물에서 모두 잘 녹아요'에 이르기까지 다양한 장점과 특징을 나열할 것이다. 하지만 당신은 세제를 구매하는 소비자들이 가장 원하는 한 가지에 초점을 맞추고 싶을 것이다. 여기서 핵심은 그것이 무엇이든 간에 당신의 최면 지시 문구가 이에 근거하여 작성되어야 한다는 것이다.

세제를 구매하는 소비자들이 원하는 한 가지가 '알레르기를 일으키지 않는 세제'라면 당신은 최면 글쓰기 능력을 최대한 발휘하여 소비자들이 제품을 통해 얻게 될 혜택을 한 문장으로 압축시켜야 한다. 그렇게 하면 무(無) 알레르기 세제라는 단순한 표현마저 효과적인 최면 지시 문구가 될 수 있다. 다만, 잠재고객들이 원하는 한 가지가 아닌 다른 것을 제시하면 그리 큰 효과를 거두지 못하거나 심지어 역효과를 불러일으킬 수 있다는 점은 주의해야 한다.

또 다른 사례를 살펴보자. 당신이 마술용품을 판매한다고 가정해 보자. 당신은 '손쉬운'부터 '새로운', '저렴한', '친구들을 깜짝 놀라게 할 만한', '당신의 비법이 될 만한'에 이르기까지 수많은 문구를 떠올릴 수 있다.

그렇다면 초보 마술사를 꿈꾸는 사람들이 원하는 한 가지는 과연 무엇일까? 당신은 여기에 초점을 맞추어야 하며, 이것이 바로 대박 매출을 안겨줄 최면 지시가 될 수 있다. 나는 '마술사가 되면 손쉽게 친구들을 깜짝 놀라게 할 수 있답니다'라는 문구가 마술을 좋아하는 대중에게 적당한 최면 지시가 될 거라는 사실을 알고 있다. 실제로 '자신을 깜짝 놀라게 하려면 엄청난 노력을 해야 합니다'라는 슬로건을 내세운 어떤 마술용품 제조업자를 알고 있다. 그는 올바른 방식을 실천하고 있다. '마술사들은 자신이 깜짝 놀랄 만한 것을 원한다'는 사실을 알고 있던 그는 적절한 메시지를 전달하는 최면 지시를 고안했다. 그는 잠재고객을 제대로 포착하고 단 한 문장으로 그들의 구매욕을 강하게 자극했다. 이제 당신은 이런 질문을 던질 것이다. '그러면 잠재고객들이 원하는 한 가지를 어떻게 찾을 수 있을까?'

좋은 질문이다. 적절한 답변은 먼저 그들에게 질문하고 결과를 확인해 보라는 것이다. 전화, 이메일, 개별 방문을 통해 당신의 잠재고객과 접촉하라. 대화를 통해 그들이 당신에게 원하는 한 가지를 찾아내라. 수준 낮은 카피라이터들은 그저 육감에 의지해서 소비자들이 원하는 것을 파악한다. 그렇게 하면 안 된다. 나도 육감을 믿는 사람(나는 『영혼의 마케팅Spiritual Marketing』이라는 책을 썼다!)이긴 하지만 잠재고객의 요구사항을 확실히 파악할 수 있는 유일한 방법은 질문을 하는 것뿐이다.

하지만 이것만으로는 부족하다. 질문을 한 후에는 실험을 해보아야 한다. 잠재고객이 밝힌 '한 가지 요구사항'에 주력하는 광고, 세일즈레터, 이메일 캠페인을 실시하라. 만약 당신이 그들이 원하는 것을 제대로 포착했다면 무난히 판매에 성공할 것이다.

하지만 이 실험에 실패했다면 또 다른 '한 가지 요구사항'을 선정하여 더 나은 결과를 이끌어낼 수 있는지 확인해야 한다. 당신의 목표는 언제나 잠재고객의 구매욕을 강하게 자극할 수 있는 한 가지 최면 지시를 찾아내는 것이다.

당신은 여전히 대중에게 제품 구매를 위한 갖가지 이유들을 제시하려 하겠지만 그것은 반드시 핵심적인 '한 가지 최면 지시'에 근거해야 한다. 만약 잠재고객의 구매욕을 유발하는 핵심적인 한 가지 최면 지시를 제대로 활용하지 못하면 다른 온갖 이유들은 사람들을 혼란스럽게 만드는 잡동사니가 될 수 있다. 이처럼 당신에겐 잠재고객의 관심을 집중시키고 즉시 구매를 이끌어낼 수 있는 한 가지 최면 지시가 필요하다. 물론 사람들의 구매욕을 자극하는 다른 이유들도 필요하다. 이 부분을 간과해서도 안 된다. 그렇다고 이것에 너무 의존할 필요도 없다. 이제 마지막으로 최면 지시는 어떻게 작성해야 하는 걸까?

사실 이 방법을 모두 설명하려면 책 한 권의 분량이 필요하다. 그래서 간단히 말하자면, 좋은 타이틀을 작성하는 방법과 똑같다. 간결하고 흥미로우면서 잠재고객의 관심을 끌 수 있어야 한다. 그들이 원하는 것을 정확히 파악한 후에 당신이 바로 그것을 제공한다는 내용을 한 문장으로 간결하게 표현하라.

예를 들어 '리더스 다이제스트' 기사 타이틀을 살펴보자. 간결하고 예리하고 흥미롭다. 당신의 최면 지시도 동일한 방식으로 작성되어야 한다. 명심할 것은 오직 한 문장으로 사람들의 구매욕을 자극할 수 있는 최면 지시를 해야 한다는 것이다.

다른 무엇보다 나는 한 가지 최면 지시로 당신으로 하여금 이장을 읽도록 만들었다. 그렇지 않은가?

37.
'바다 늑대'의 교훈

나의 성장기에 내게 많은 영향을 준 작가들 중 한 명이 잭 런던이다. 그의 대표작은 『야성의 외침The Call of Wild』으로 알려져 있지만, 그가 집필한 책은 50권을 상회한다. 그중에는 논픽션도 여러 권 있고 자서전도 몇 권 있는데 내가 제일 좋아하는 작품은 『바다 늑대The Sea Wolf』다.

내가 잭 런던으로부터 배운 한 가지는….

이를 설명하기 전에 그가 열정 넘치는 작가임을 먼저 강조하고 싶다. 그는 열정과 갈등이 고조되는 모험 소설을 주로 집필했다. 주인공이 사람이든 동물이든 간에 독자들은 항상 그 주인공에게 동질감을 느낄 수 있었다.

『바다 늑대』의 주인공은 바다 늑대라는 이름을 가진 선장으로 미치광이다. 그는 극 중 화자와 다른 미치광이들을 이끌어간다. 그러나 책을 읽다 보면 차츰 그 선장의 진면목이 드러난다. 그는 영리하고 박식하며 강인한 결단력을 가진 남자다운 남자다. 1900년대 초반 미국의 대표적 남성주의 작가인 잭 런던에 의해 탄생한 주인공에게 달리 무엇을 기대할 수 있겠는가?

잭 런던 역시 뱃사람이었다. 여러 대의 보트를 소유한 그는 바다에서 많은 시간을 보냈으며 여행기도 쓰면서 마음껏 인생을 즐겼다. 다음은 내가 가장 좋아하는 그의 문장이다.

"나는 먼지보다 재가 되고 싶다. 나는 말라빠진 쓰레기 속에 파묻히기보다 이글거리는 불 속에서 타오르는 재가 되고 싶다. 나는 활기 없는 땅보다 거대한 화염 속의 눈부신 원자이고 싶다. 인간의 본분은 존재하는 것이 아닌 삶을 살아가는 것이다. 나는 목숨을 연장하기 위해 삶을 허비하지 않을 것이다. 나는 내게 주어진 시간을 활용할 것이다."

그가 40세의 나이에 요절했다는 사실은 그리 놀랍지 않다. 그는 험난했지만 적극적인 삶을 살았고 조금도 후회하지 않았다. 2000년 말, 샌프란시스코 교외에 위치한 잭 런던 목장을 방문했을 때 가슴 뭉클했던 기분을 잊을 수 없다. 나는 새로운 TV쇼에 대한 인터뷰를 위해 샌프란시스코를 찾았다. 그곳에서 머무는 동안 자동차를 렌트해 '잭 런던의 왕국'으로 향했다.

맨 먼저 울프 맨션이라 불리는 유명한 그의 생가에 들렀다. 그곳에 남겨진 것들을 둘러보고 싶었다. 그가 이주하기 전까지 그곳은 완전히 불타버린 폐허였다. 잭 런던의 무덤도 방문했다. 그의 시신은 화장되어 붉은색의 큼지막한 표석 아래에 안치되어 있었다.

나는 박물관에도 들러 오래 전에 그가 출연한 영화를 보았다. 흑백 무성영화였지만 그의 미소는 화면 전체를 환히 밝히고 있었다. 내 마음속의 영웅이 생생하게 살아 있는 듯한 모습을 보면서 한때 그가 실제로 우리처럼 땅 위를 걸어 다녔다는 사실이 도무지 믿어지지 않았다.

내가 잭 런던의 작품, 특히 『바다 늑대』를 통해 배운 것은 독자들이 원하는 결말을 제시하지 않으면서 한순간도 책에서 눈을 뗄 수 없도록 만드는 방법이었다. 그는 거의 모든 장을 새로운 갈등이 발생하기 직전에 끝내곤 했다. 독자들은 그 갈등의 결말을 보기 위해 계속 책을 읽을 수밖에 없었다. 그는 독자들이 책에서 손을 놓지 못하도록 최면을 걸었다. 나도 이 장의 도입부에서 동일한 방법을 사용했다.

"내가 잭 런던으로부터 배운 한 가지는…"이라고 말했을 때 나는 당신에게 이 상에서 눈을 뗄 수 없도록 민들었다. 나는 미완성의 문장으로 당신의 관심을 끌었고 당신에게 완성된 문장을 보고 싶게 만들었다. 이것이 바로 설득력 있는 세일즈 스토리를 만드는 비결이다.

당신은 독자나 청취자의 관심을 지속적으로 이끌어내야 한다. 여기서 핵심은 이제부터 중요한 내용을 전달하려 한다는 사실을 언급하면서 새로운 주제를 다루는 것이다. 물론 금방 원래의 주제로 돌아갈 거라는 약속이 뒤따라야 한다. 내 말을 믿어야한다. 이 방법은 언제나 효력을 발휘한다. 이미 당신은 이 장을끝까지 읽었다, 그렇지 않은가?

38.

터닝포인트 메시지

어젯밤 〈루키〉라는 영화를 보았다. 정말 마음에 들었다. 메이 저리그에서 뛰고 싶은 것이 소망이었던 한 나이 든 남자가 마침 내 꿈을 이룬다는 감동적인 실화를 바탕으로 한 영화였다. 영화 의 홍보물들은 '자신의 꿈을 좇는 사람들을 위한 영화'라고 소개 하고 있었다. 내용은 틀리지 않았다. 영화는 분명 그런 방향으로 전개되었다. 하지만 그것이 전부는 아니었다.

모든 영화(서적, 연극, 기사, 광고를 비롯해 스토리를 담은 모든 것)에는 내가 '터닝포인트 메시지turning point message'로 부르는 것 이 담겨 있다. 간단히 TPM으로 표기하기로 하자. 대체로 TPM은 스토리를 완전히 뒤바꾸는 한순간을 의미한다. 영화 타이틀이 나 스토리의 주제와 같은 느낌일 수 있다. 또는 진지한 고민에 빠져들게 만드는 심오한 주제일 수도 있다. 전체 스토리의 철학 적 기반이 될 수도 있다. TPM은 스토리의 주인공이 자신을 되돌아보게 하고, 동시에 독자들이나 시청자들까지 자신에 대해 생각하게 만드는 핵심 메시지다. 일반적으로 TPM은 영화 전체의 구성이 바뀌거나 주인공의 성격이 변화하는 극적인 전환기에 제시된다.

〈루키〉의 경우 영화의 3분의 2쯤 지났을 무렵 TPM이 제시됐다. 다시 야구를 하고 싶어 하던 주인공이 마침내 '꿈'을 이룰 수 있는 기회를 잡았다. 그는 고민에 빠졌다. 도무지 어떻게 해야 할지 몰랐다. 가족과 직장을 포기하고 다시 야구를 해야 할까? 그는 조언을 구하기 위해 그동안 서먹서먹했던 아버지를 찾아갔다. 그 장면에서 관객들은 TPM을 들을 수 있었다. 주인공의 아버지가 말했다. "지금 네가 뭘 하든 상관없지만 언젠가 정말 네가 원하는 것을 해야 한다."

바로 이 장면이 영화의 전환점이었다. 아버지의 말을 들은 주인공은 처음엔 버럭 화를 냈다. 하지만 이 대사는 영화가 끝나고 한참 후까지 나의 뇌리에 남아 있었다. 나는 다음 날 아침 식사를 하면서도 그 의미에 대해 이야기를 나누었다. 이렇듯 사람들의 마음을 움직이게 하는 모든 세일즈 스토리에는 TPM이 들어 있다.

또 다른 사례로는 내가 좋아하는 영화 〈굿 윌 헌팅〉이 있다. 이 영화의 TPM은 말썽을 일으키는 문제아가 카운슬러와 상담하는 장면에서 제시된다. 카운슬러는 소년에게 반복해서 말한다.

"그건 네 잘못이 아니야. 그건 네 잘못이 아니야. 그건 네 잘못이 아니야."

TPM이 없는 스토리는 심장이 없는 것이나 마찬가지다. 당신의 스토리는 인물, 갈등, 유머를 가지고 있을 것이다. 하지만 TPM이 없다면 사람들의 기억에 남을 만한 알맹이가 없는 것이다. 당신의 제품이나 서비스를 사용하는 사람들이 삶의 변화를 경험한다는 내용의 스토리를 구상한다고 가정해보자. 어떤 스토리라도 상관없다. 심지어 당신이 직접 제품이나 서비스를 사용했던 경험에 대해 이야기할 수도 있다. 그런데 여기에 TPM이 추가된다면 당신의 스토리는 독자나 청취자의 뇌리에 각인되어 결코 사라지지 않을 것이다.

이 장 역시 하나의 스토리로 구성되어 있다. 나는 당신에게 〈루키〉라는 영화를 보았다고 했고 〈굿 윌 헌팅〉이라는 영화에 대해서도 말했다. 그리고 사람들의 마음을 움직이게 하는 모든 세일즈 스토리들에는 TPM이 있다고 말했다. 그러면 내가 이 장에서 말했던 TPM은 무엇일까? 잠시 생각해보자.

나는 앞서 "당신의 스토리는 인물, 갈등, 유머를 가지고 있을 것이다. 하지만 TPM이 없다면 사람들의 기억에 남을 만한 알맹이가 없는 것"이라고 말했던 부분을 이 장의 TPM이라고 생각한다. 이 대목이 이 장에서 전환점을 이끌어내는 메시지에 해당하기 때문이다.

지금 나는 사람들의 관심을 자극하는 최면 스토리를 만들려면 TPM이 필요하다는 사실을 말하고 있다. 그렇게 어떻게 TPM을 만들어야 할까? 사실 TPM은 일부러 만들어낼 수 있는 것이 아니다. 스토리에서 저절로 등장하도록 내버려두어야 한다. 억지로 컨트롤하려 들면 오히려 그것을 죽이는 셈이 된다. 다시 말해, 스토리를 편집하려고 지나치게 애쓰지 말라는 것이다.

39.
모든 사람들이
항상 읽는 것

오늘 아침에 나는 이웃 사람과 말싸움을 했다. 자주 다투지는 않지만 간혹 언쟁을 벌일 때가 있다. 어쩌겠는가? 우리는 인간이고 다툼은 일어나기 마련이다. 하지만 달리 생각하면 이것은 좋은 뉴스다. 왜냐하면 사람들이 가장 관심을 갖는 뉴스가 '싸움'이기 때문이다. 갈등이 생기면 스토리를 만들 수 있다. 아주 간단하다.

잠시 생각해 보라. 가장 흥행하는 영화들은 어떤 내용일까? 최고의 베스트셀러들은 어떤 내용일까? 거기에는 항상 누군가 무엇을 원하고 그것을 차지하기 위해 다투는 내용이 담겨 있지 않은가? 또 무언가 주인공의 앞길을 방해하지 않는가? 한마디로 답하자면 항상 갈등이 발생하고 있다는 것이다.

갈등 역시 좋은 뉴스를 만들어낸다. 두 사람이나 두 집단, 혹은 두 군대가 싸움을 하면 항상 미디어가 뒤따른다. 왜 그럴까?

갈등의 본질이 최면이기 때문이다.

당신은 이런 원리를 아주 유용하게 활용할 수 있다. 앞으로 당신이 설득력 있는 세일즈 스토리를 완성하고 싶다면 갈등의 소재를 찾아야 할 것이다. 갈등은 두 사람이나 두 집단, 심지어 서로 대치되는 두 사상 간에도 발생할 수 있다.

예컨대 나는 "오늘 아침에 나는 이웃 사람과 다투었다"라는 문장으로 글을 시작했다. 바로 당신의 관심을 끌기 위한 목적이었다. 나는 '싸움'이라는 인간의 본능적인 관심에서 당신이 최소한 그 문장에 호기심을 갖게 되리라는 것을 알고 있었다. 여기서 내가 강조하고 싶은 점은, 인간이 갈등을 몹시 열망한다는 것 그리고 이 갈등을 활용하여 누구도 거부할 수 없는 스토리를 완성할 수 있다는 것이다.

사실 나는 이웃 사람과 다투지 않았다. 텍사스주 오스틴 외곽 힐카운티에서 생활하면서 이웃에 누가 사는지도 모른다. 그러나 나는 이 장의 도입부에서 갈등을 암시하여 당신의 관심을 끌었고, 이 장을 끝까지 읽게 만들었다. 이 방법이 얼마나 효과가 있었는지 이해했으면 한다.

40.
자신의 의도를 드러내라

고등학교 3학년 시절 영어 선생님이 단어의 외연denotation과 내포connotation에 대해 설명한 적이 있었다. 외연은 '사전적 의미'를 나타내고 내포는 '구어적 의미'를 나타내는 것이었다. 그런데 이 두 가지를 모두 알지 못할 경우 자칫 사람들을 혼란에 빠뜨릴 수도 있다.

예를 들면 'great'라는 단어는 18개의 외연을 가지고 있다(사전에서 확인하라!). 하지만 이 단어의 내포는 그 수가 훨씬 더 많다. 모르긴 몰라도 당신은 '좋아!', '굉장해', '생각보다 괜찮은데'라는 의미로 'great'를 사용한 적이 있을 것이다.

사실 'great'라는 단어는 거의 아무 의미 없이 사용되는 경우도 많다. 누군가 이 단어를 말하면 단순히 좋아한다는 정도의 의미로 받아들이는 것이다. 조금 좋을 수도 있고 아주 좋을 수도 있다. 어쨌든 이 단어는 긍정적인 의미를 담고 있다. 이것이 바로

'great'라는 단어의 보편적인 의미이고 그 단어의 내연이다. 스토리의 경우도 마찬가지다.

스토리는 직접적인 의미(대체로 당신이 묘사하거나 주장하려는 것)를 가지고 있다. 동시에 간접적인 의미(당신의 묘사나 주장에 대해 사람들이 내리는 결론)도 가지고 있다. 외연과 내포를 동시에 가지고 있는 것이다.

설득력 있는 세일즈 스토리는 다양한 내포를 가지고 있다. 즉, 직접적인 의미보다 간접적인 의미가 더 많은 매출을 이끌어낸다는 뜻이다.

몇 년 전 어느 날 나는 휴스턴의 어느 레스토랑에서 한 여성을 만났다. 당시에 나는 글쓰기 강좌를 진행하고 있었다. 그녀는 내 강의와 책들에 관해 문의 사항이 있다며 만남을 원했다. 당시만 해도 나는 낯선 사람과 만나 한 시간쯤 대화 나누는 것을 꺼리지 않았다. 나는 그녀에게 강의에 대해 설명하면서 이런 여담도 곁들였다.

"저는 강의를 정말 좋아합니다. 강의가 끝나면 사람들은 항상 책과 테이프를 구입하죠. 첫 번째 전자책인 『최면글쓰기』는 베스트셀러에 올랐습니다. 사람들이 왜 그토록 열광하는지 모르겠지만 책을 구입하려고 줄을 서더군요. 어떤 이들은 내 책을 읽고 나서 직접 책을 집필하기도 합니다. 저는 책이 한 권 팔릴 때마다

40달러씩 받기 때문에 강의 시간 내내 웃는 얼굴을 하고 있답니다."

내가 한동안 열변을 토하자 그녀는 빙그레 웃으며 말했다.

"정말 능숙하시네요."

"뭐가 능숙하다는 거죠?" 내가 물었다.

"지금 제게 은근슬쩍 당신의 책을 세일즈하고 있잖아요." 그녀가 대답했다.

"그 책들을 모두 구입하고 싶네요." 그 순간 나는 설득력 있는 세일즈 스토리의 탄생을 직감했다.

이 대화에서 내 말을 그대로 해석하면 단순한 문장의 외연에 불과하다. 하지만 내 말에 내포된 것은 '내 책은 굉장하다', '사람들은 내 책을 읽고 즉시 효과를 거뒀다', '내 강의는 인기가 있다'는 뜻이다. 내 의도를 이해하겠는가?

다음은 또 다른 설득력 있는 세일즈 스토리다.

오늘 아침 네리사가 사무실로 찾아와 신문광고 제작을 도와달라고 부탁했다. 그녀 소유의 오스틴 사무실을 임대하려는 광고였다. 우리는 광고에 사용할 단어를 신중히 검토했다. 인터넷을 검색해 보니 임대 광고의 문구들은 거의 다 엇비슷했다. 그래서 그녀의 광고가 돋보이려면 뭔가 색다른 것이 있어야 했다.

나는 그녀에게 질문으로 광고를 시작하는 것이 좋겠다고 말했다. 대다수 광고들은 '최적의 입지 조건!'이나 '최고의 전망!' 같은 상투적인 문구를 내세웠기 때문에 그녀의 광고는 그것과 다른 차별화가 필요했다. 그래서 나는 "당신은 산책과 하이킹을 좋아하십니까, 아니면 느긋하게 숲과 새들을 바라보고 싶습니까?"라는 문구를 제시했다. 그녀는 무척 마음에 들어 하면서 그 문구를 광고에 사용했다.

당신은 어떤 생각이 드는가? 외연의 측면에서 이 스토리는 단순한 사실과 함께 내가 네리사에게 색다른 카피를 작성할 수 있도록 도와주었다는 메시지를 전달한다. 하지만 내포 측면에서는 '만약 카피가 필요하다면 조에게 연락하라. 그의 여자친구까지도 곤란한 상황이 닥치면 그에게 찾아온다'라는 메시지를 전달하고 있다. 만약 설득력 있는 색다른 세일즈 스토리를 완성하고 싶다면 그 안에 직접적인 메시지와 간접적인 메시지가 공존한다는 사실을 명심해야 한다. 직접적인 메시지는 사람들의 관심을 이끌어내야 하고 간접적인 메시지는 사람들의 구매 욕구를 이끌어내야 한다.

내 친구이자 『설득에 이르는 금단의 열쇠The Forbidden Keys to Persuasion』 저자인 블레어 워렌은 이렇게 말했다. "스토리가 강한 설득력을 갖는 유일한 이유는 사람들에게 자유롭게 결론을 내릴 수 있도록 이를 허용한다는 것이다."

역설적이지만 결론은 반드시 스토리에 담긴 내용(화자에 의해 서술된 내용)에 근거해야 한다. 여기서의 교훈은 사람들에게 '억지로 결론을 주입하는' 스토리가 아니라, 사람들이 자연스럽게 당신의 주장에 동조하게 되는 스토리를 전달해야 한다는 것이다.

여러 해 전에 나는 테드 터너에 대한 스토리를 읽은 적이 있다. 비록 작가, 제목, 잡지 이름과 구체적인 내용은 기억하지 못하지만 뇌리에서 잊히지 않는 한 장면이 있었다. 터너가 차를 타고 가는 도중에 벌어진 상황을 간략히 묘사한 부분이었다. 갑자기 터너가 차를 세우더니 길바닥에 떨어진 음료수 캔을 향해 말없이 걸어갔다. 그는 음료수 캔을 주워 뒷좌석에 던져두고 운전석으로 돌아와 다시 차를 몰기 시작했다.

이 일화를 통해 작가는 환경을 염려하는 양심적인 한 남자의 모습을 그려냈다. 만약 작가가 단순히 그의 성품을 묘사하기만 했다면 이 장면은 내 기억에서 쉽게 잊혔을 것이다. 하지만 그는 터너의 실제 행동을 보여주면서 내가 스스로 결론 내릴 수 있게 했다. 나는 아직도 그 내용을 생생하게 기억하고 있다.

우리는 다른 사람에게 전해 들은 내용보다 자신이 내린 결론에 더 강한 확신을 갖는다. 일단 우리가 어떤 것을 '거짓'으로 믿게 되면 그 무엇도 우리에게 그것을 '사실'이라고 납득시킬 수 없다. 또 우리가 어떤 것을 '사실'로 믿게 되면 그 무엇도 그것이 '거짓'이라고 우리를 납득시킬 수 없다. 문제는 결론에 대한 믿음에도 불구하고 종종 이런 결론이 우리를 잘못된 길로 인도한다는 것이다.

대다수 사람들은 이런 문제를 깊이 생각하지 않는다. 하지만 설득의 대가들은 사람들이 전해 들은 말을 확신하면서 자신이 내린 결론을 조금도 의심하지 않는다는 사실을 늘 머릿속에 새겨두고 있다. 이 책을 끝까지 읽는 동안 이 사실을 잊지 말고 설득력 있는 세일즈 스토리를 작성할 방법을 궁리해야 한다. 당신은 놀라운 비법을 배우고 있다. 그것을 제대로 활용하라.

41.

설득력 있는 세일즈 스토리를 작성하는 나만의 비법은 무엇인지 알고 있나요?

나는 질문을 이용하여 사람들의 관심을 이끌어내고 스토리를 읽게 만드는 방법을 찾아냈다. 내 친구 조 슈거맨에 따르면, 세일즈 스토리 첫 문장의 목표는 사람들에게 다음 문장을 읽도록 유도하는 것이다. 나 역시 질문으로 시작하여 당신으로 하여금 다음 문장을 읽게 만들었다.

당신은 지금도 내 글을 읽고 있지 않은가? 그러면 이제 설득력 있는 세일즈 스토리 작성을 위한 비법을 공개하겠다.

나는 질문에 관해 말하고 있다. 나는 질문을 좋아한다. 다만 질문이 자유로운 답을 허용하지 않는다면 독자나 청취자의 관심을 끌어낼 수 없다.

만약 이 장의 타이틀이 '당신은 최면 스토리를 작성하는 나만의 비법을 알고 있나요?'라고 정해져 있다면 당신은 '네', '아니오', 둘 중 하나의 답을 선택할 것이다. 그러면 당신과 나와의 소통은 더 이상 이루어지지 않을 것이다. 따라서 이런 질문은 바람직하지 않다.

대신 '설득력 있는 세일즈 스토리를 작성하는 나만의 비법은 무엇인지 알고 있나요?'처럼 자유로운 답을 허용하는 질문의 경우 이 장을 끝까지 읽지 않고서는 결코 정확한 답을 할 수 없다. 이 테크닉이 얼마나 효과적인지 알겠는가(이것도 또 하나의 질문이다)?

결국 핵심은 사람들이 질문에 관심을 갖게 하는 것이다. 자유로운 답을 허용할수록 효과적이다.

42.
최면성 있는
블로그 글쓰기

일반인이 운영하는 블로그는 대부분 지루하고 따분하다. 나는 형편없는 블로그들에 혐오감을 가지고 있던 터라 처음에는 http://www.mrfireblog.com을 시도조차 하지 않으려 했다.

그러다가 문득 블로그에 최면 글쓰기를 활용하면 어떨까 하는 생각이 들었다. 어쩌면 내 블로그를 돋보이게 할 수도 있을 것 같았다. 내 생각이 맞았다. 보통 하나의 블로그를 1분 이상 둘러보지 않던 사람들이 내 블로그에서는 몇 시간씩 머물렀으니 말이다.

다음은 내 블로그에 게시했던 최면 스토리이다.

어떻게 린제이 로한과 내가 젊음의 샘물을 발견했을까
또는 부가이익의 심리학

어젯밤 나는 건강과 부와 행복의 비밀, 즉 www. whatisthe secret.tv를 방문하여 어두컴컴한 정글을 탐험하는 꿈을 꾸었다. 탐험을 마친 나는 몹시 지쳤지만 내가 거둔 성과에 매우 만족했다.

뿌듯한 마음으로 텐트에 돌아왔을 때 유명한 가수이자 배우이자 모델인 린제이 로한이 나를 기다리고 있었다. 다소 놀랐지만 그녀가 내게 매료되었다는 생각이 들었다. (www.attractoorfacotor.com 참고)

실제로 〈제7의 천국〉에 출연한 여배우 제시카 비엘은 내 책 『돈을 유혹하라』를 정말 마음에 들어 했고, 배우 제임스 칸도 라스베이거스 세트장에서 나를 만났을 때 내 책을 인정했다. (http://www.mrfire.comphtogallery.html 참고) 그래서 린제이 로한이 내 텐트에 찾아온 것이 아주 놀랍지는 않았다.

나는 제시카에게 인사를 건넸다. 그녀는 정글 탐험에 대한 이야기를 듣고 싶어 했다. 내가 이야기하는 동안 그녀는 들떠 있는 표정으로 나를 뚫어지게 쳐다보았다. 나는 몇 주 전에 우연히 희귀한 약초를 발견했다고 말했다. 젊음 유지에 도움을 주는 약초였다. 어린 나이에 부와 명예를 거머쥔 그녀는 그 약초로 많은 돈을 벌 수 있다고 생각했다. 그녀는 더 많이 알고 싶어 했다. 나는 먼지투성이 배낭에서 약초 뿌리를 꺼내 들었다. 그녀는 그 것이 범상치 않은 물건임을 직감했다.

"이 약초를 먹으면 사람들이 정말 살도 빠지고 젊어질 수 있나요?" 그녀가 물었다.

"그럼요. 나를 보세요. 이미 젊어진 것 같지 않나요?"

그녀는 나를 찬찬히 훑어보더니 고개를 끄덕였다.

"정말 대단해요!" 섹시한 여배우로부터 들을 수 있는 최 고의 찬사였다. 그녀가 말을 이었다.

"당신은 www.themotherofallbribes.com에서처럼 사람 들에게 이 제품을 구매하라고 뇌물을 줄 필요가 없겠네 요."

"아니, 그렇지 않아요." 내가 대답했다.

"사람들은 동기가 없으면 행동에 나서지 않아요. 윤리에 어긋나지 않은 뇌물이라면 그것이 사람들의 마음을 움 직일 수 있어요. 부가적인 혜택이 있으면 사람들이 선뜻 제품 구입에 나설 수 있는 거죠. 우리처럼 마케팅 업계 에 종사하는 이들은 그것을 부가이익의 심리학이라 부 릅니다."

나는 그녀에게 최근에 출간한 『인생의 놓쳐버린 교훈 Life's Missing Instruction Manual』이 좋은 내용을 담고 있지만 다른 혜택이 없으면 사람들이 선뜻 그 책을 구입하지 않을 거라고 말해주었다. 내가 www.lifesmissingmanual.com에서 책을 구입한 독자들을 위해 1만 3천 달러가 넘는 금액의 사은행사를 벌이는 것도 바로 그 때문이었다. 부가적인 그 혜택 덕분에 내 책은 아마존에서 순식간에 베스트셀러 1위에 올랐고 나흘 동안 그 순위를 유지할 수 있었다. 그 책은 지금도 베스트셀러 목록에 올라 있다.

린제이 로한은 감동을 받은 듯했다. 그녀는 내 곁으로 다가왔다. 나는 바짝 긴장하며 숨을 참았지만 그녀가 무엇을 원하는지 알 수 없었다.

"조, 제가 한 가지만 물어봐도 될까요?" 그녀가 유혹하듯 속삭였다.

마치 www.lindsaylohanmusic.com에서 새로 발매된 그녀의 CD에 담긴 노래를 듣는 듯했다.

"아… 네, 괜찮습니다." 나는 떨리는 목소리로 간신히 대답했다. 그녀가 무얼 묻고자 하는지 도통 감이 잡히지 않았다. 마침내 그녀가 입을 열었다.

"다음에 정글에 갈 때 저도 데려가 줄 수 있나요?"

그녀가 원했던 것은 배낭을 메고 나와 함께 어두운 정글을 탐험하는 것이었다.

나는 어떻게 대답해야 할까? 그 순간 나는 잠에 깨어났다. 융이나 프로이트를 공부해서 해몽(http://www.

dreammoods.com)을 할 수 있다면 이 꿈의 정확한 의미를 알 수 있었을 것이다. 혹시 당신은 이 꿈의 의미를 알고 있는가?

조

www.mrfire.com;ewww.HypnoticMarketingInc.com

P.S. 당신이 www.HypnoticMarketingInc.com에서 본 최면 스토리, 최면 언어, 최면 비법에 대해 어떻게 생각하든 이 꿈은 정말 내가 어젯밤에 꾼 것이다. 나는 스토리를 꾸며내지 않는다.

P.P.S. 나는 린제이 로한이 나와 똑같은 꿈을 꾸었을지 궁금하다. 그녀의 노래에 나에 대한 가사가 실려 있을지도 모른다. "나는 당신 없이 살 수 없어요… 당신 없이 숨도 쉴 수 없어요… 나는 당신의 꿈을 꿔요…"

http://metrolyrics.com/2144148763/Linsay_Lohan/Over

이 스토리는 직간접적으로 최면 지시들로 가득하다. 당신은 그중 몇 가지를 감지했는가?

일단 제목부터 살펴보자. 애초에 내가 생각했던 제목은 '린제이 로한이 등장한 내 꿈'이었다. 하지만 누구도 내 꿈에 관심을 가질 듯하지 않아서 그 제목을 선택하지 않았다. 더 강력하게 최면을 일으킬 수 있는 제목이 필요했다. 그래서 나는 신비감을 유발하기 위해 '어떻게 린제이 로한과 내가 젊음의 샘물을 발견했을까'로 제목을 바꾸었다.

어쩌면 당신은 제목에 사용된 '발견하다'라는 단어가 최면 단어임을 감지했을 수도 있다. 제목의 첫 단어 '어떻게'는 어떤 문제가 해결된다는 것을 암시한다. 나는 여기서 만족하지 않았다. 뭔가 덧붙일 생각이었다. 이렇게 추가한 부가이익의 심리학은 궁금증을 유발하는 개념인데, 이 역시 강력한 최면 도구다.

그러고 나서 블로그 게시물은 실제 스토리로 채워졌다. 당신은 스토리를 읽는 동안 마음속으로 장면을 그릴 수 있다. 나는 블로그에 린제이 로한의 사진도 게시해서 사람들이 내 글에 더 관심을 가질 수 있게 했다(그녀는 눈길을 뗄 수 없을 정도로 대단히 매혹적이다). 하지만 스토리 자체도 사람들의 마음을 사로잡고 있다.

당신은 이 스토리에서 내가 대화를 활용했다는 사실도 눈치챘을 것이다. 이것은 모든 뛰어난 작가들이 사용하는 대표적인 최면 도구이다. 인용부호 안의 내용은 항상 무의식중에 눈앞에서 펼쳐지는 생생하고 흥미로운 상황으로 인식된다. 우리가 인용문에 관심을 갖게 되는 이유는 대체로 그 안에서 흥미진진한 내용이 전개되기 때문이다. 나는 사람들의 관심을 붙들어두기 위해 자주 인용문을 활용한다.

당신이 이 스토리를 세심하게 읽었다면 은밀하게 숨겨져 있는 몇몇 최면 지시들을 감지했을 것이다. 예를 들면, "당신은 wwww.themotherofallbribes.com에서처럼 사람들에게 이 제품을 구매하라고 뇌물을 줄 필요가 없겠네요"라는 대목에서 나는 실제로 사람들에게 이 제품을 구매하라는 최면 지시를 사용하고 있다.

나는 이 게시물을 활용해서 효과를 거두는 최면 글쓰기의 다른 요소들도 공부하라고 권장하고 싶다. 더 많은 자료를 원한다면 내 블로그 www.mrfire.com을 방문하면 된다.

이제 이메일을 통한 최면 스토리의 사례를 알아보자.

2년 전에 그가 전용기를 타고 나를 찾아오기 전까지 나는 Mr. H가 누군지 전혀 몰랐습니다.

그에 관해 아는 것이라고는 지하실에서 소규모 사업을 시작해서 지금은 연간 1천 2백만 달러를 벌어들이는 돈 많은 사업가라는 게 전부였습니다. 그는 내 책을 읽고 나서 나를 만나고 싶다고 연락했습니다. 그는 전용기를 타고 우리 집을 찾아와 하룻밤을 지내며 우리에게 자신의 사연을 털어놓았습니다. 나는 그의 이야기에 빠져들었습니다.

그는 몇 년 전에 자신의 비법을 공개하는 테이프를 제작했던 Mr. H가 바로 자신이라고 고백했습니다. 또 평범한 웹사이트를 하루 32,876달러의 수익을 거두는 ATM 기계로 탈바꿈시킨 방법에 대해서도 설명했습니다. Mr. H로부터 마케팅과 성공에 대해 배울 점이 제법 많았습니다. 이제 당신도 그의 비법을 배울 수 있습니다.

한동안 자취를 감추었던 그의 테이프 시리즈가 다시 판매되고 있습니다. 당신도 한번 들어보라고 권하고 싶습니다.

http://www.1shoppingcart.com/app.Clk=1338171

아마도 그는 전용기를 타고 당신을 찾아가진 않을 것입니다. 또한 나를 다시 찾아오지 않을 수도 있습니다(그는 우리가 해준 요리를 무척 좋아했기 때문에 그럴 것 같지는 않습니다만!). 하지만 당신이 원하면 언제든지 그의 비법을 들을 수 있는 기회가 찾아왔습니다. 내가 당신이라면 이 테이프 시리즈가 절판되기 전에 당장 구입에 나설 겁니다. 한번 둘러보시길 바랍니다.

조

추신. '마케팅을 넘어서'란 무슨 의미일까요?

http://www.narfireblog.com

최면 스토리를 활용한 이메일 마케팅의 또 다른 사례를 소개한다.

거울을 들여다보십시오. 당신의 콜레스테롤 수치를 확인할 수 있습니까? 단지 내 몸을 살펴보는 것만으로는 이런 확인이 불가능합니다. 그래서 나는 혈액검사를 받아보았습니다. 놀랍게도 높은 수치가 나왔습니다. 나는 도저히 믿을 수 없었습니다. 최근 들어 매일 운동과 식사 조절을 통해 체중을 40킬로그램이나 줄였을 뿐만 아니라 기분도 상쾌하고 좋았기 때문입니다.

바로 콜레스테롤의 문제였습니다. 몸으로는 콜레스테롤 수치를 느낄 수 없습니다. 아주 난감한 문제입니다. 나의 콜레스테롤 수치가 점점 더 염려되기 시작했습니다. 이곳저곳 인터넷을 검색했지만 콜레스테롤 수치를 낮춰준다는 의심스러운 약들을 보면 오히려 혼란만 가중될 뿐이었습니다. 도무지 어떻게 해야 할지 모르는 상황이었습니다.

나는 응급실 의사로 근무하는 한 친구에게 연락했습니다. 그는 내게 30일 동안 콜레스테롤 수치를 약 30퍼센트 낮춰주는 약이 있다고 말했습니다. 저녁에 캡슐 두 개만 복용하면 충분했습니다. 그는 누구에게나 효과가 있다며 당장 혈액검사를 받고 30일 동안 복용하면 콜레스테롤 수치를 떨어뜨릴 수 있다고 자신했습니다. 나는 그 약을 한 병 구입하고 싶다고 말했습니다. 그러나 지금 당장 약을 구할 수는 없다고 그가 대답했습니다. 그가 개발한 약은 이미 완판되어 재고가 하나도 없었습니다. 이제 막 창업한 회사였기 때문에 제품이 다시 생산될 때까지 기다려야 하는 상황이었습니다.

그러나 나는 기다리고 싶지 않았습니다. 나는 제품 생산 비용을 지불하겠다고 소리쳤습니다. 그러자 "자그마치 1만 2천 5백 달러입니다."라고 그가 말했습니다. "내가 지불하겠소." 내가 말했습니다. 나는 그 자리에서 투자자가 되었습니다. 하지만 내게 필요한 약은 딱 한 병이면 충분했습니다.

다시 말해 나는 30일 안에 부작용 없이 콜레스테롤 수치를 낮추어줄 약 한 병을 구입하기 위해 1만 2천 5백 달러를 지불한 셈입니다.

당신은 물론 콜레스테롤 수치가 높은 모든 이들을 위한 반가운 소식이 있습니다. 이제 당신은 그 약 한 병을 단돈 22달러에 구입할 수 있습니다. 내가 투자한 액수가 1만 2천5백 달러이기 때문에 현재 시중에서 구입할 수 있는 약은 양이 그리 많지는 않습니다.

내가 당신이라면 서둘러 구입에 나설 겁니다.

거울을 들여다보십시오.

당신은 건강하게 살아야 하지 않겠습니까?

www.CardioSecret.com

한번 시도해보십시오.

조

추신. 이 제품에는 다른 제품들에 없는 특수 성분이 포함되어 있습니다. 심장병이나 심장 발작을 예방하면서 콜레스테롤 수치도 낮추는 효능이 있습니다. 이 제품에 대한 자세한 자료는 www.CardioSecret.com에서 확인할 수 있습니다.

스토리는 또 다른 이유에서 강력한 효과를 발휘한다. 다음 장은 최면 글쓰기 고급 과정이라고 할 수 있다. 여기서 내가 원하는 것은 최면 스토리와 최면 글쓰기를 활용한 세일즈레터나 웹사이트를 제작하면서 당신이 지닌 능력을 최대한 이끌어낼 수 있도록 감각을 일깨워 주는 것이다.

43.
기억을 환기시키는
스토리

당신은 진지하게 대화를 분석해본 적 있는가? 일반적인 대화는 누군가가 일상적인 일들을 당신에게 이야기하는 것이다. 대화 당사자들은 본인들의 이야기를 서로 공유한다. 간단해 보인다. 일단 상대방이 이야기를 하면 그다음으로 이어지는 상황은 방금 당신이 들은 사건과 유사한 사건을 찾아 기억의 저장고를 뒤지는 것이다. 당신은 이렇게 말할지 모른다. "예전에 내게도 비슷한 상황이 벌어진 적이 있었는데!"

그러고 나서 당신은 대화를 이어갈 것이다. 상대방이 당신의 말을 경청할 때에도 그는 동일한 방식으로 한다. 그러다가 어떤 생각이나 기억이 불쑥 떠오르면 당신의 말을 끊고 본인의 이야기를 꺼내 들기도 한다. 그렇다면 이것은 대체 어떤 상황일까?

로저 섕크는 『내게 스토리를 말하라』에서 이런 말을 했다. "대화 도중 상대방이 당신에게 어떤 말을 했다면 그 이후에 당신이 할 일은 마음속으로 화답할 수 있는 뭔가를 떠올리는 것이다. 심지어 아주 간단한 대답도 기억 어딘가에서 찾아내지 않으면 안 된다."

스토리에는 사람들의 기억을 환기시키는 요소가 담겨 있다. 오늘 내가 점심을 먹을 때 시중을 들던 젊고 매력적인 금발 여인이 나를 희롱하는 듯했다고 당신에게 말했다고 하자. 그때 당신의 마음은 대화로부터 점점 표류하기 시작할 것이다.

'점심'이라는 단어는 당신이 아직 식사를 하지 않았다는 사실을 깨닫게 해줄지 모른다. 그러면 갑자기 음식에 관한 생각이 떠오를 것이다. 혹은 젊고 매력적인 여인에 대한 언급이 섹스를 떠오르게 할지도 모른다. 그러면 갑자기 당신의 마음속에 음란한 생각이 들 것이다. 대체 당신의 마음은 어딜 헤매고 있었던 걸까?

다시 말하지만 스토리에는 기억을 환기시키는 요소가 담겨 있다. 생크는 이를 '연상reminders'이라고 지칭한다. 과거 기억의 연상이다. 이것은 마음속으로 상상의 체험을 하게 만든다.

만약 사람들이 음식에 관해 생각하길 원한다면 점심 식사를 언급하면 된다. 섹스에 관해 생각하길 원한다면 젊고 매력적인 여인을 언급하면 된다. 하지만 그 상황도 의식해야 한다. 당신의 말이 타인의 마음속에서 어떤 활동을 유발하기 때문이다.

누군가 대화할 때 바로 이 같은 상황이 벌어진다. 누군가의 한마디는 상대방의 연상을 유도하며, 그것이 다시 상대방의 이야기를 유도한다. 그는 연상한 것을 그대로 말한다. 쉬지 않고 대화를 주고받고 두 사람은 각자의 연상을 체험하고 있다.

이것은 최면 글쓰기를 원하는 당신에게 좋은 소식이다. 아마도 당신은 최면 글쓰기를 통해 잠재고객의 정신적 경험을 의식적으로 컨트롤하고 싶을 것이다. 따라서 당신의 메시지를 전달하고 싶다면 스토리를 활용해야 한다. 명심할 점은 당신이 건네는 한마디 한마디가 연상을 유발한다는 사실이다.

당신은 사람들이 당신에 대해 긍정적으로 생각하길 원할 것이다. 그러므로 부정적인 연상은 무엇이든 피해야 한다. 당신의 제품이나 서비스로부터 얻을 수 있는 혜택에 사람들의 관심이 집중되도록 해야 한다. 또한 그들이 원하는 것을 연상시키는 스토리를 가지고 그들의 관심을 사로잡아야 한다.

이 책을 읽으면서 당신은 자신에게 영향을 미쳤던 스토리를 떠올리기 시작할 것이다. 그렇다면 당신의 기존 카피를 최면 글쓰기로 바꾸는 것도 가능하지 않을까? 어떻게 하면 예전에 쓴 문장이 효력을 발휘하도록 살을 붙이거나 다시 고쳐 쓸 수 있을까? 어떻게 하면 그렇게 할 수 있을까? 곰곰이 생각해 보라.

PART 3

실력 향상을 위한, 실전 최면 글쓰기

44.

평범한 글쓰기를
최면 글쓰기로 바꾸는 방법

당신에게 들려줄 한 가지 비밀이 있다. 앞서 언급했듯이 판촉물을 수정하기 위해 나는 머릿속에서 일종의 카피 번역 서비스 Copy Translation Service를 가동한다.

내가 하는 일은 그들의 사이트에 실린 모든 문장을 마치 외국어인 것처럼 읽는 것이다. 외국어에 해당하는 것이 '자아 카피Ego Copy'다. 회사 경영자가 주로 이런 문장을 쓰는데, 대개 쓸데없는 말로 가득하다. 나는 이런 자아 카피를 '독자 카피Reader Copy'로 번역한다. 글쓴이의 문장을 독자가 관심을 갖는 문장으로 탈바꿈시키는 것이다. 예를 들어보자.

당신이 읽는 거의 모든 세일즈레터에는 '우리'라는 단어가 들어있다. '우리는 5년 동안 사업을 운영했습니다.' 혹은 '우리는 도넛 만들기를 좋아합니다'라는 식이다. 이런 문장은 모두 자아 카피에 해당한다. 이것은 당신의 독자에게 외국어나 마찬가지다. 따라서 그들의 마음에 전혀 와닿지 않는다.

나는 이런 자기 진술을 독자 카피로 번역하는 일을 한다. '우리는 5년 동안 사업을 운영했습니다'라는 문장을 '당신은 신뢰감을 가지고 후불로 우리 회사 물건을 구입할 수 있습니다. 우리가 5년 이상 이 사업을 운영해왔기 때문입니다'라고 바꾸는 식이다.

또 '우리는 도넛 만들기를 좋아합니다'라는 문장을 '당신은 군침 도는 우리 도넛을 좋아하게 될 겁니다. 왜냐하면 도넛을 만드는 우리의 열정이 모든 도넛에 활기를 불어넣고 있기 때문입니다'라고 고치기도 한다. 이 차이를 구분할 수 있는가?

대부분의 글쓰기는 글쓴이에 초점을 맞추고 있다. 하지만 당신이 글을 쓴다면 당신이 아닌 당신의 글을 읽는 독자의 관심사에 초점을 맞추어야 한다. 당신의 자아에서 벗어나 독자의 자아로 들어가는 것이다. 즉, 독자의 관심사를 이야기하는 것이다.

이제 당신이 쓴 글을 최면 글쓰기로 변화시킬 수 있는 몇 가지 기본적인 비결을 살펴볼 것이다. 다음은 내 전자책『최면 글쓰기 스와이프 파일The Hypnotic Writing Swipe File』에서 발췌한 내용이다. 더 상세한 내용은 http://www.HypnoticWritingSwipeFile.com을 참조하길 바란다.

45.
최면성 있는 헤드라인을 만드는 30가지 방법

제목 작성은 내가 가장 중요하게 생각하는 비법 중 하나다. 제목은 메시지 전달의 핵심이다. 내가 말하고자 하는 것을 요약하고, 나의 열정이 담겨 있으며, 호기심을 유발한다. 나중에 제목을 수정할지라도 나는 늘 제목을 먼저 정하고 글쓰기를 시작한다.

'제목 작성을 위한 30가지 방식'은 황금과도 같은 가치가 있다. 내가 수년에 걸쳐 다방면으로 조사한 결과가 바로 이 30가지 방식이다. 이 방식을 활용하면 당신도 쉽게 제목을 완성할 수 있다.

세일즈레터나 웹사이트를 작성하려면 최소한 하나의 제목이 필요하다. 그리고 더 많은 소제목이 필요하다. 소제목은 메시지를 전달하고 잠재고객의 관심을 잡아두는 데 도움이 된다.

독자층은 크게 세 가지 유형(글을 꼼꼼히 읽는 독자, 글을 대충 훑어보는 독자, 글을 아예 건너뛰는 독자)이 존재한다. 그러므로 그들 모두에게 호소력 있는 소제목이 필요하다. 다음 목록을 살펴보면서 당신의 제품이나 서비스에 적절한 제목을 최대한 많이, 자유롭게 작성해 보라.

제목은 당신의 광고를 성공으로 이끌 수도 있고 실패로 이끌 수도 있다. 존 캐플스는 좋은 제목이 광고 효과를 19배나 증가시킬 수 있다고 말했다. 광고의 선구자 제임스 웹은 최상단 제목이 문의와 매출을 50퍼센트 이상 증가시킬 수 있다고 주장했다. 또 광고의 귀재 데이비드 오길비는 사람들이 전체 광고보다 제목을 5배나 더 자주 읽는다고 주장했다. 역사상 가장 위대한 광고 전문가로 알려진 클로드 홉킨스는 유명한 그의 저서 『과학적 광고 Scientific Advertising』에서 이렇게 적었다. "우리는 제목을 보고 원하는 것을 선택한다."

대개 독자들은 신문이나 웹사이트에서 다음 장으로 넘어가기 전에 제목부터 얼른 훑어본다. 평균적으로 일반인이 한 페이지를 보는 시간은 단 4초에 불과하다! 당신의 제목이 독자의 눈길을 끌지 못한다면 결과적으로 당신은 고객도, 매출도 잃게 될 것이다. 다음은 최면 글쓰기로 멋진 제목을 가능하게 해주는 30가지 방식이다.

1. 시작하는 단어로 제목을 유도한다

다음 단어들에서 자극적인 것과 새로운 것이 주는 암시를 눈여겨보라. '소개', '마지막으로' 등도 제목을 시작하는 단어로 적당하다.

드디어!

공표!

신규!

2. 관객을 불러들여라

이런 유형의 제목은 표적이 되는 관객을 유인할 수 있다. 만약 변호사들을 위한 책을 팔고 있다면 '주목하시라, 변호사들이여!'라는 식으로 제목을 시작할 수 있다. 이런 접근법을 사용하면 당신이 원하는 부류에 해당하는 고객들의 관심을 사로잡을 수 있다. 그리고 그들의 관심을 얻는 것이 최면 상태에 이르게 하는 첫 단계다.

배관공들이여!

주부들이여!

발이 아프십니까?

3. 혜택을 약속하라

사람들이 제품을 구매하는 이유 중 하나가 바로 혜택이다. 디카페인 커피가 대표적이다. 여기서는 '잠을 잘 들게 하는 것'이 혜택이다. 설령 등에 통증이 있더라도 사람들은 선뜻 알약을 구입하려 들지 않는다. 그들이 원하는 것은 통증으로부터의 해방이다. '10분 만에 요통에서 벗어날 수 있습니다'라는 제목은 치료가

가능함을 암시한다. 예방책이 아니라 고통 경감책을 팔아야 한다. 그들이 구입하려는 제품에 대해 말하려면 최면을 걸듯 그들의 관심을 끌어야 한다.

30분 만에 요통에서 벗어날 수 있습니다!

셔츠 한 벌만 구입하면 다른 한 벌은 공짜입니다!

이 새로운 비법만 알고 있으면 단 이틀 만에 일자리를 얻을 수 있습니다!

4. 뉴스거리를 만들어라

사람들은 뉴스를 탐독한다. 당신의 제품이나 서비스를 뉴스거리로 만들어보라. 그러면 사람들이 관심을 보일 것이다. 신제품은 뉴스거리다. 새로운 용도를 가진 구제품 역시 뉴스거리다. 일례로 베이킹소다를 수십 년 동안 생산한 암앤해머는 제품의 새로운 용도(치아를 닦는 것이나 냄새를 없애는 용도로 냉장고에 보관하는 것 등등)를 꾸준히 만들어내 뉴스거리로 만들었다. 다시 말하지만 무엇이든 '새로운 것'은 사람들의 관심을 끈다. 그리고 이것이 최면의 시작이다.

자동차 안전의 비약적인 발전

모발을 다시 자라게 하는 새로운 조제법

5. 무료 제품을 제공하라

당신이 무료로 나누어주는 물건은 당신의 잠재고객에게 쓸모가 있어야 한다. 공짜임에도 불구하고 잠재고객의 관심을 끌지 못한다면 그들은 당신에게 글을 쓰거나 전화를 걸지 않을 것이다. 그런데 이런 물건은 반드시 무료여야 한다. 그래야 당신은 법적으로 안전하다. 소규모 사업체라 할지라도 얼마든지 무료 제품을 개발할 수 있다.

작가들에겐 무료입니다!

세금의 빈틈을 알려주는 무료 보고서

자동차 수리에 관한 무료 책자

6. 호기심을 불러일으키는 질문을 하라

질문은 독자를 참여시키는 아주 효과적인 수단이다. 그러나 당신의 질문은 혜택을 암시하는 문답식이어야 한다. 만약 네 또는 아니오를 쉽게 결정할 수 있는 질문을 한다면 독자들은 그 질문 이외의 것을 생각하지 않을 공산이 크다. 그러나 당신의 질문이 호기심을 불러일으킨다면 독자의 관심을 끌어들일 수 있을 것이다. 이것은 최면을 유도하기 위해 내가 즐겨 사용하는 방법이기도 하다.

성공에 이르는 7가지 비밀이 무엇일까요?

당신은 영어로 이런 실수를 하고 있나요?

어떤 가스 필터가 당신의 차 성능을 높여줄까요?

7. 추천 글로 관심을 유도하라

인용 부호는 사람들의 시선을 끈다. 만약 인용문이 호기심을 자극하면 독자들은 당신의 카피를 읽고 싶을 것이다(항상 실제 인물의 실제 추천사를 이용하라. 당연히 그들의 허락을 먼저 받아야 한다). 당신의 제품이나 서비스를 이용한 적이 있는 있다면 누구든 당신을 위해 추천사를 쓸 수 있다. 그리고 인용문이 있으면 더 많은 관심을 끌 수 있다.

"이것은 지금껏 내가 구경한 것 중에서 가장 강력한 무기다!"

-클린트 이스트우드

"이 두 권의 책이 나를 최고의 부자로 만들어주었다."

-말콤 포브스

"내 레이싱 카가 다른 모든 레이싱 카들을 경쟁에서 꺾을 수 있었던 이유가 바로 여기에 있다."

-마크 웨이저

8. '~하는 법'으로 제목을 작성하라

사람들은 유용한 정보를 원하기 때문에 '~하는 법'이라는 제목에 쉽게 이끌린다. 만약 당신이 세탁기 판매를 하고 있다면 '당신에게 꼭 필요한 세탁기 고르는 법'이라는 표제를 떠올려야 한다. '~하는 법'이라는 단어를 덧붙임으로써 사실상 모든 제목을 인상적으로 만들 수 있다. 예를 들어 '나는 머리를 깎는다'는 밋밋한 표제지만 '머리를 깎는 법'으로 고치면 좀 더 흥미를 불러일으킬 수 있다. '~하는 법'은 사람들을 당신의 글쓰기로 끌어들이는, 최면 지시와 흡사하다.

당신의 자녀들을 경청하게 하는 법
당신 자동차의 튠업(엔진 등의 조정)할 시기를 아는 법
친구들을 설득하고 사람들에게 영향력을 발휘하는 법

9. 독자에게 퀴즈를 내라

사람들은 퀴즈를 아주 좋아한다. 질문을 제목에 활용하여 당신의 광고를 퀴즈로 만들어보라. 당연히 퀴즈가 효력을 발휘하려면 판매하는 제품과 관련이 있어야 한다. 예를 들어『파워 네크워킹』이라는 책을 판매하고 있다면 네트워킹 IQ를 묻는 광고가 잘 어울릴 것이다. 또 자동차 정비소를 운영하고 있다면 '당신의 자동차는 아무 문제가 없을까요? 이 퀴즈로 확인해보세요!'라는 식의 광고가 잘 어울릴 것이다. 어떻게든 잠재고객이 당신의 광고에 관심을 갖게 만들어야 한다. 퀴즈는 이런 시도의 한 가지 방법이다. 또한 잠재고객의 이러한 참여는 최면을 시작하고 심화시키는 방법이기도 하다.

당신은 얼마나 똑똑한가요? 이 퀴즈로 확인해보세요!
당신의 네트워킹 IQ는 얼마일까요?
당신은 성공을 위한 자격이 있나요?

10. 제목에 '이'와 '왜'라는 단어를 사용하라

'이'와 '왜'라는 단어를 제목으로 사용하면 독자의 흥미를 유발하여 광고나 세일즈레터의 내용으로 관심을 유도할 수 있다. 그냥 '우리 스키는 완벽합니다'라고 말했다면 관심을 보이는 사람은 거의 없을 것이다. 그러나 '왜 이 스키가 완벽하다는 말을 듣는지 아시나요?'라고 말하면 사람들은 호기심을 보인다.

기존의 제목에 '왜'라는 단어를 집어넣어라. 글이 더 매력적으로 보일 것이다. '이곳에서 배관 부품을 구입하세요'라는 문장은 무미건조하지만 '왜 사람들이 이곳에서 배관 부품을 구입하는지 아시나요?'라는 문장은 사람들의 흥미를 불러일으킨다.

이 보트는 절대 가라앉지 않습니다

왜 우리 강아지가 더 비싼지 아시나요?

왜 이 스키가 '완벽하다'는 말을 듣는지 아시나요?

11. 제목은 1인칭 시점으로 쓰라

1인칭 제목이 호기심을 유발하면 언제나 효과를 발휘한다. 반면 2인칭 제목은 종종 효과를 발휘하지 못한다. 그 자체로 구매행위를 하고 있다는 신호를 보내며 사람들을 방어적으로 만들기 때문이다. 그러나 1인칭 제목은 판매 메시지를 기분 좋게 전달할 수 있다. 적절한 사례를 들어보자. '나는 사람들에게 도움을 주고 싶었습니다. 내가 보험 대리점을 개설한 이유도 바로 여기에 있습니다!'

그렇다고 2인칭 접근법을 무조건 무시해서는 안 된다. 결국 당신 자신이 아니라 '그들'의 관심사를 전달할 때 사람들이 최면 상태에 빠져들기 때문이다.

내가 피아노 앞에 앉자 그들은 비웃었다. 그러나 내가 연주를 시작하자 그들의 표정이 돌변했다!

마침내 나는 쉬운 글쓰기 비법을 발견했다!

나는 가는 곳마다 돈을 긁어모았다

12. 제목에 제품 이름을 담아라

'사마귀를 치료하는 방법'이라면 이것만으로도 괜찮은 표제다. 그런데 '비탈리즘으로 사마귀를 치료하는 방법'이라고 하면 한결 더 나은 표제가 된다. 아마도 모든 사람들이 동작을 멈추고 당신의 광고를 읽진 않을 것이다. 하지만 제목에 회사의 이름을 담아 메시지를 전달하면 제법 도움이 된다. 여기서 주의할 점은 회사 이름이 제목의 중심이 되어서는 안 된다는 것이다. 시선을 끄는 제목을 만들었다면 회사 이름을 은근슬쩍 그 안에 넣어야 한다. 이런 접근법이 독자의 마음에 최면의 씨앗을 심는다.

짐코 비타민으로 경주자를 빨리 달리게 하는 방법

내 남편의 목숨을 구해준 피스킨 래더

쉬운 글쓰기의 비결을 발견하게 해준 소우트라인

13. '모집'이라는 단어를 사용하라

'모집'은 호기심을 유발하는 단어다. 이 단어를 보면 왜 당신이 신경과민인 사람을 원하는지(공포심을 극복하는 세미나를 제공하기 위해), 왜 경영자를 원하는지(새로운 경영 프로그램을 권유하기 위하여) 그 이유를 알고 싶은 충동이 생길 것이다.

물론 당신이 목표로 삼는 고객이 주 대상이어야 한다. 만약 변호사에게 무언가를 판매하고자 한다면 '모집 - 변호사'로 시작하는 제목이 적격이다. '모집'은 사람의 관심을 끄는 최면성 있는 단어다.

모집 - 신경과민자

모집 - 위험한 시대에 안전한 사람

모집 - 즉시 이윤을 얻을 준비가 되어 있는 경영자

14. 제목에 '획기적'이라는 단어를 사용하라

'획기적'이라 것은 새로움을 의미한다. 당신의 제품이나 서비스가 기존의 다른 모든 시스템보다 우수함을 암시한다. '기록적'이나 '혁명적'이라는 단어도 유사한 효과를 발휘할 수 있다.

정보 시스템에서의 획기적인 발전

의사가 권장하는 획기적인 탈모 처방

구함 - 획기적인 성공을 위해 만반의 준비가 되어 있는 변호사

15. 큰 글자와 작은 글자로 제목을 정하라

큰 글자와 작은 글자로 작성된 제목은 눈에 잘 띈다. 그렇지 않은가? 잠재고객이 당신의 광고나 세일즈레터나 웹사이트를 읽는데 어려움을 겪는다면 최면 상태에서 깨어나 읽기를 중단할 것이다.

16. 가능한 한 많은 단어들을 사용하라

제목은 길 수도, 짧을 수도 있다. 잠재고객의 호기심을 불러일으켜 당신의 광고를 읽도록 유도할 수만 있다면 길어도 상관없다. 물론 불필요한 단어들은 원하지 않을 것이다. 그렇다고 스스로 제한을 둘 필요는 없다.

그 제품이 급부상하고 있습니다!

스스로에게 '아니, 난 그 제품에 대해 읽은 적이 없어. 정말이야!'라고 얼마나 자주 말했습니까?

다른 누가 이 아름다운 가구를 원하겠습니까?

17. 매물을 대서특필하라

제목으로 효과를 얻으려면 당신이 판매하는 제품의 독특한 특징을 명확히 알려주어야 한다. 경쟁 제품보다 뛰어난 특징은 무엇인가? 여기에 초점을 맞추어야 한다.

반값으로 셔츠를 내놓았습니다

특별 오일 교환

6개월 동안 동참하십시오, 다음 6개월은 공짜입니다

18. '다른 누가?'라는 질문을 하라

'다른 누가'라는 단어도 최면성이 있다.

다른 누가 책을 쓰고 싶어 할까요?

다른 누가 노래가 힘들다고 할까요?

다른 누가 안전한 자동 도난 경보기를 원할까요?

19. 보증을 이용하라

우리는 불신의 시대 속에서 살아가고 있다. 제품을 권유할 때
에는 언제나 보증이 필요하다. 광고 제목에 보증이 언급되어 있
으면 독자들의 시선을 끌 수 있다.

절대 얼룩 없는 양탄자 보장!

얼음이나 진흙이나 눈을 통과해도 끄떡없다는 것을 보장합니
다. 아니면 무조건 환불해 드립니다!

20. 약점을 인정하라

완벽하지 않다는 사실을 고백할 때 오히려 신뢰를 얻을 수 있
다. 수없이 많은 광고와 세일즈레터들이 모든 질병에 특효약이
라는 식으로 자기 제품의 우수성을 주장하고 있다. 그러나 이런
주장은 신뢰가 가지 않는다.

그런데 당신의 제품이 다소 미흡하다고 주장하면 사람들은 오히려 그 주장을 믿으려는 경향을 보인다. 잠재고객을 최면 상태에 빠지게 하려면 먼저 그들이 당신에게 신뢰를 보여야 한다.

우리는 2등입니다. 그래서 우리는 더 열심히 노력하고 있습니다.

이 주방장은 샐러드를 제외하고 무엇이든 만들 수 있습니다!

21. 긍정적인 결과에 초점을 맞추어라

판매를 성사시키려면 부정적으로 적지 말아야 한다. 사람들은 희망과 꿈을 구매한다. '체지방 감소'를 팔지 말고 '완벽에 가까운 건강!'을 팔아라. '누런 이는 보기 흉합니다!'라고 공포심을 조장하려 하지 말고 '치아가 더 하얘집니다!'라고 소리치며 치약을 팔아라. 사람들은 해결책을 구매한다. 물론 신뢰감이 있어야 한다.

만약 당신의 제목이 이치에 맞지 않는다면 사람들은 당신을 신뢰하지 않을 것이다. '30일 만에 15킬로그램의 몸무게를 뺄 수 있습니다'라는 제목은 신뢰할 만하지만 '하룻밤 만에 15킬로그램의 몸무게를 뺄 수 있습니다'라는 제목은 믿음이 가지 않는다.

10일이면 더 하얀 이를 가질 수 있습니다

30일이면 35파운드의 살을 뺄 수 있습니다

22. 독자에게 경고하라

경고를 통해 잠재고객의 관심을 끌 수 있다. 경고는 정보를 약속하고 호기심을 유발한다. 정보와 호기심은 둘 다 최면에 걸리게 하는 중요한 요소다.

의사들에게 경고합니다!

경고: 당신의 자녀들이 이 스테레오를 틀고 있나요?

소기업 경영자들에게 경고합니다!

23. 유머에 조심하라

모든 사람들이 유머 감각을 가지고 있는 것은 아니다. 즉 재미있다고 해서 누구나 다 좋아하는 것은 아니다. 우스갯소리 때문에 구매에 나서는 사람도 거의 없다. '사람들은 광대로부터 물건을 사지 않는다'는 광고 슬로건이 있다. 유머로 판매를 시도하는 소규모 사업체들은 대부분 실패를 맛본다. 왜 그럴까?

그것은 당신이 파는 것은 제품이나 서비스이지 유머가 아니기 때문이다. 당신은 사람들을 웃게 만들고 싶은가 아니면 물건을 구매하게 하고 싶은가? 굳이 유머를 시도하고 싶다면 판매 메시지만큼 독자에게 설득력이 있어야 한다.

24. '쉽다'는 사실을 강조하라

사람들은 쉽고 빠른 결과를 원한다. 만약 당신의 제품이 잠재 고객의 삶을 더욱 쉽고 편리하게 만들 수 있다면 그 점을 강조해야 한다.

배관 고장을 쉽게 해결할 수 있습니다
지붕의 새는 구멍을 막는 쉬운 방법

25. 반전 활자에 조심하라

제목을 위해 반전 활자(검은색 배경의 흰색 글자)를 사용할 수 있다. 그러나 광고, 웹사이트, 세일즈레터에서는 반전 활자를 사용하지 말아야 한다. 반전 활자가 너무 많으면 사람들은 글을 읽는 데 어려움을 겪는다. 그러나 제목에서 적절히 잘 사용하면 많은 사람들의 시선을 끌 수 있다.

26. 혜택을 극적으로 표현하라

사람들은 생동감을 원하고 갈망한다. 혜택을 극적으로 표현함으로써 당신 제품이나 서비스에 사람들이 관심을 가질 수 있다. '킹 사이즈 침대는 널찍합니다'라는 제목은 무미건조하다. 하지만 '더 이상 뻣뻣한 통나무처럼 잠들지 마세요! 이젠 황제처럼 우아하게 잠들 수 있습니다!'라는 제목이라면 사람들의 시선을 끌기에 충분하다. 극적인 드라마는 최면성을 가지고 있다.

더 이상 뻣뻣한 통나무처럼 잠들지 마세요! 이젠 황제처럼 우아하게 잠들 수 있습니다!

'소리 나는 베개'입니다, 닐 다이아몬드의 노래를 들으며 잠들 수 있습니다.

27. 효과가 입증된 상투적 표현을 사용하라

데이비드 오길비의 『어느 광고인의 고백Confession of an Advertising Man』에는 다음과 같이 효과가 입증된 상투적인 표현이 실려 있다.

Free공짜, Revolutionary혁명적인, New새로운, Startling놀라운, How to~하는 법, Miracle기적, Suddenly갑자기, Magic마법, Now지금, Offer제안, Announcing알림, Quick신속한, Introducing소개, Easy쉬운, It's here여기에 있다, Wanted구함, Just Arrived막 도착하다, Challenge도전, Important Development중요한 발전, Advice to~에 대한 조언, Improvement향상, The Truth about~에 관한 진실, Amazing놀랄 만한, Bargain특가품, Compare비교하다, Hurry서두르다, Sensational선풍적인, Last Chance마지막 기회, Remarkable주목할 만한.

오길비는 Darling마음에 드는, Love사랑, Fear공포, Proud자랑스러운, Friend친구, Baby아기 등과 같은 감정적인 단어를 추가하여 제목을 더 돋보이게 할 수 있다고 주장했다.

막 도착했습니다 - 새로운 회계 방식입니다!
주택 소유자들에 대한 조언!
구두 수선에 관한 진실

28. 숨겨진 혜택을 드러내라

강연자를 위한 책자에 실린 아래 제목은 테드 니콜라스가 작성한 것이다. 이 책자의 숨겨진 혜택 혹은 부가적 혜택은 기립 박수를 받는 방법(모든 연설자들이 원하는 것)을 배울 수 있다는 것이다. 당신의 비즈니스에서 숨겨진 혜택을 있다면 그것을 드러내려고 노력해야 한다. 자신에게 이렇게 물어보라. '내 제품이나 서비스를 사용하면서 사람들은 무엇을 얻을 수 있을까?'

당신이 말할 때마다 열광적인 박수갈채(더하면 기립 박수)를 받는 법

29. 이유를 알려주라

'이유'는 광고에 독자들을 참여시킨다. 사실을 더 알고 싶다면 카피의 나머지 부분도 읽어야 하기 때문이다. 만약 당신이 회계사라면 당신의 서비스와 관련된 이유를 알려주어야 한다. 또 당신이 제빵업자라면 당신의 빵이 더 맛있는 이유를 알려주어야 한다.

당신이 책을 써야 하는 3가지 이유

오늘 이 의사에게 전화를 걸어야 하는 7가지 이유

이곳 객실 청소를 해야 하는 9가지 이유

30. 전후 진술을 사용하라

이것은 다른 제품과의 차별성을 보여줄 수 있는 일반적인 방식이다. 만약 당신이 정원 가꾸기 서비스를 한다면 정글 같은 정원을 공원으로 변화시킬 수 있다는 식으로 제목을 정할 수 있다.

여기서 당신이 해야 할 일은 잠재고객이 가지고 있는 것(그들의 문제점)과 당신이 제공할 수 있는 것(해결책)을 서로 비교하는 것이다.

중고차 구입에 있어 잘못된 방법과 올바른 방법

당신의 헤드라인을 테스트하는 방법

다음은 헤드라인이 정말 효과가 있는지 확인하는 방법이다. 자신에게 이렇게 물어보라. '이 헤드라인이 경쟁업자의 광고, 세일즈레터, 웹사이트에서 사용될 수 있을까?

당신의 헤드라인이 경쟁업자의 카피에 실렸다고 상상해 보자.

그 헤드라인은 여전히 효과가 있을까? 만약 그렇다면 당신의 헤드라인을 바꾸어야 한다!

46.

최면성 있는 머리글

당연히 최면에 걸리게 하는 머리글은 글쓰기 시작에 도움이 된다. 아래와 같은 머리글을 읽은 후 무엇이든 마음속에 떠오르는 것으로 밑줄 부분을 채워보라. 당신의 글을 읽고 독자들이 알게 되거나 느끼게 되는 것을 머리글로 작성한 것이다.

• 이 기사의 첫머리를 읽기 시작하면 당신은 _____을 알게 될 겁니다.

• 이곳에 앉아 이 보고서의 첫머리를 읽으면 당신은 _____을 느끼게 될 겁니다.

• 이 보고서를 한 줄도 빠짐없이 다 읽으면 당신은 _____하게 될 겁니다.

• 이 문서를 철저히 분석하면 당신은 _____한 느낌을 가질 겁니다.

• 이 웹페이지의 단어들을 모두 훑어보면 당신은 _____의 새로운

방식을 발견하기 시작할 겁니다.

• 이 짧은 기사를 읽고 나면 당신은 _____을 느낄 겁니다.

• 당신은 _____을 상상할 수 있습니다.

• 지금부터 5년 후 _____한 당신 모습을 그려 보세요.

• 그냥 _____을 그려 보세요.

• 고등학생 시절 _____을 상상해보세요.

• _____한다면 놀랍지 않을까요?

• 만약 당신이 _____할 수 있다면 어떻게 될지 상상해보세요.

• _____한 당신 자신을 보세요.

• _____의 냄새를 기억하세요.

• 그리고 당신은 _____를 눈치채기 시작합니다.

• _____를 들은 것을 기억하나요?

• _____이 어떤 느낌인지 기억할 수 있나요?

당신의 잠재고객이 이미 알고 있는 것을 당신의 글쓰기 도입부로 이용하라. 이것이 바로 신뢰감을 형성하고, 이런 신뢰감이 구매를 유발한다. 예를 들면 이런 식이다.

• 당신은 아마 _____을 알고 있을 겁니다.

• 당신의 이해력이라면 _____을 알기에 충분합니다.

• 물론 당신은 _____에 대해 들었을 겁니다.

- 모든 사람이 _____을 알고 있습니다.

- 당신은 이미 이런 _____을 알고 있을 겁니다.

- 당신처럼 비범한 사고력을 가진 분이라면 이미 _____을 알고 있을 겁니다.

카피를 위한 13가지 심리학적 연결문

'카피 연결문'이란 사람들이 구매에 나서도록 웹사이트 등에 당신이 원하는 대로 문장과 단락을 짜 넣는 방식을 말한다. 대대수 독자들은 당신이 이 말을 꺼내면 그 카피를 다시 생각하기 시작할 것이다. 따라서 당신의 카피는 그들의 관심을 끄는 다음과 같은 연결문으로 제품 구매에 나서게 할 수 있다.

- 당신이 _____하면 어떨까요?

- 조금씩 당신은 _____하기 시작할 것입니다.

- 그리고 당신이 이 정보를 받아들이면 당신은 _____할 것입니다.

- 그리고 당신이 _____에 관해 생각할 때

- 당신은 진정 _____에 관심을 갖게 될 것입니다.

- 당신이 얼마나 _____하는지 깨닫고 있나요?

- 당신은 이 세일즈레터에 적힌 모든 문장을 읽으면서 _____할 것입니다.

- _____을 눈여겨본 적이 있습니까?

- 지금 당신이 _____을 경험하도록 도움을 주고 싶습니다.
- _____하다면 놀랍지 않을까요?
- 그리고 당신은 _____에 점점 더 깊이 빠져들 것입니다.
- 그리고 당신은 _____에 관해 점점 더 좋은 느낌을 갖기 시작할 것입니다.
- 이 보고서의 끝부분으로 다가갈수록 서서히 당신의 문제는 _____하게 될 것입니다.

팁을 활용하라

팁을 사용하는 방법은 당신이 알아서 할 일이다. 하지만 몇 가지 지침을 줄 수는 있다.

가령 당신의 웹사이트에 '저희 인터넷 통신 제품은 소기의 성과를 거두고 있습니다'라는 문장이 실렸다고 하자. 이 문장은 이렇게 고쳐 쓸 수 있다. '이 웹사이트를 읽으면 읽을수록 당신은 저희 인터넷 통신 제품이 소기의 성과를 거두고 있다는 사실을 깨닫게 될 겁니다.'

첫 번째 문장은 다소 밋밋한 느낌이다. 보통의 웹사이트에는 이런 식으로 글이 작성되어 있다. 반면 '이 웹사이트를 읽으면 읽을수록 당신은 저희 인터넷 통신 제품이 소기의 성과를 거두고 있다는 사실을 깨닫게 될 겁니다'라는 문장은 최면에 걸리게 하는 명령과 전제를 담고 있다. 그리고 이것이 잠재고객의 구매 행위를 유도한다.

이런 사실을 염두에 두면서 당신의 웹사이트를 살펴보라. 다시 고쳐 쓰거나 구문을 덧붙이거나 방문객의 관심을 끌 수 있는 여러 가지 방식을 궁리해 보라. 그리고 명심하라. 최면 글쓰기를 하려면 당신이 아니라 방문객의 관심에 초점을 맞추어야 한다는 사실을 말이다.

47.
최면 퀴즈

이제 뭔가 재미있는 걸 하고 싶지 않은가? 다음은 글을 시작하는 데 있어 구문이나 문장을 쉽게 덧붙일 수 있게 도움을 주는 짤막한 질문들이다. 지금 이 책을 훑어보면서 최면을 유도하기 위해 내가 사용한 구문들이 있는지 확인해보라.

'~한다면 놀랍지 않겠는가?'는 앞 장에 실린 목록의 한 구절이다. 아마도 당신은 이 책이 최면 글쓰기를 곳곳에서 사용하고 있음을 알고 있을 것이다. '아마도 당신은 ~을 알고 있을 것이다'라는 표현 역시 목록의 한 구절이다. 지금쯤 당신은 이 과정이 정말 쉽다는 사실을 깨닫기 시작할 것이다.

'얼마나 ~한지 깨닫기 시작하는가?'라는 표현 역시 앞에서 거론된 목록의 한 구절이다. 그럼 이제 이 책에 밑줄을 치면서 당신이 찾아낸 최면 글쓰기 구절들을 확인해 보자.

48.

가장 중요한
나의 세 가지 비밀

최면 글쓰기에 관한 내 공식을 외부로 알리기 전에 세상 사람들이 잘 모르는 사실 몇 가지를 털어놓을까 한다. 다음 비밀들은 내가 최면 글쓰기를 할 수 있는 중요한 이유이기도 하다. 어쩌면 당신은 깜짝 놀라게 될지도 모른다. 마음의 준비를 단단히 하시라.

글쓰기를 하지 않는다

너무 파격적인가? 이 말의 의미는 무의식을 통해 글쓰기를 명령하거나 요구한다는 뜻이다. 이런 표현이 아주 낯설게 느껴질 수도 있다. 그러나 역사적으로 위대한 몇몇 작가들은 글을 쓰면서 '생각하지' 않았다. 그들은 거의 받아쓰기하듯 글을 썼다. 내면의 소리를 먼저 경청한 후 그대로 받아 적은 것이다.

래이 브래드베리는 글쓰기를 마칠 때까지 자신이 무엇을 쓰고 있는지 전혀 모른 채 매일 이야기를 썼다. 잭 런던도 자신이 무슨 글을 쓰고 있는지 모르면서 매일 아침 1천 단어를 썼다. 내 친구이자 작가인 리처드 웹스터는 잭 런던의 방식대로 매일 2천 단어를 쓰고 있다.

유명한 카피라이터이자 『비약적으로 발전한 광고』의 저자인 유진 슈워츠는 타이머로 시간을 정해 놓고 1분당 33과 1/2타의 속도로 글을 썼다. 또 유명한 일체파 목사이자 다작 작가인 에릭 버터위스는 매일 아침 소위 그가 말하는 '횡설수설'로 글을 썼다. 일단 즉흥적으로 글을 써놓으면 나중에 형태를 갖추면서 라디오 설교나 주간 칼럼 또는 책의 일부가 되었다. 댄 케네디는 이것저것 가리지 않고 무엇이든 매일 아침 한 시간씩 글을 썼다. 그는 전 세계에서 가장 많은 수수료를 받는 카피라이터 중 한 명이다.

이런 작가들은 무의식의 문을 활짝 열어둔다. 그들은 창조성의 방문을 허용한다. 그들이 새로운 정보를 받아들일 수 있다는 사실을 뮤즈의 여신이 알아채도록 한다.

나는 어떻게 해야 무의식을 믿을 수 있는지 방법을 익혔다. 실제로 최면과 아주 흡사하다. 최면술사들은 우리의 무의식이 사실상 모든 질문에 대한 해답을 가지고 있으며, 우리가 의식하는 것보다 훨씬 더 많은 영역에 접근할 수 있다는 사실을 알고 있다. 사전 준비 단계에서 당신의 과제 수행에 매우 비판적이었던 것도 이 때문이다. 당신은 자신의 뮤즈를 만족시켜야 한다.

결론적으로 나의 첫 번째 중요한 비결은 자신이 무슨 말을 할지 깊이 생각하지 말고 바로 글쓰기를 시작하는 것이다. 물론 의도는 가지고 있어야 한다. 하지만 구체적인 계획을 가지고 있을 필요는 없다. 지금 이 글을 키보드로 치는 도중에도 나는 이런 과정을 거치고 있다. 나는 무의식이 흘러가는 대로 최대한 빨리 키보드를 치고 있을 뿐이다. 나중에 수정하는 것은 당연하다. 카피를 쓰는 제품이나 서비스와 관련하여 흥미롭거나 독특한 측면이 보이면 나는 상상력을 발동하여 초안 작성을 시작한다. 이것이 나의 첫 번째 비결이다.

마음과 대화한다

두 번째 비결은 다소 기이해 보일 수 있다. 나는 누군가에게 말을 걸어 내가 쓴 글을 그들에게 들려주는 장면을 상상하면서 상대방의 질문을 추측한다. 자신에게 또는 내 마음속에 있는 가상의 독자에게 말을 하는 것이다.

전통적인 판매에서는 이것을 거부 심리에 주의를 집중하면서 적절한 해답을 내놓는 것이라고 설명한다. 최면 글쓰기의 경우도 마찬가지다. 당신은 만반의 준비를 하고, 모든 질문에 답변하고, 최대한 상세한 설명을 제공하고 싶어 한다. 그래야 당신의 독자가 결정을 내릴 준비를 하기 때문이다.

댄 케네디는 누군가 당신의 물건을 구입하지 않을 가능성이 있다면 이에 대한 갖가지 이유를 생각해 보라고 조언한다. 그들이 어떤 식으로든 거부 의사를 나타내면 설득력 있게 그것을 무마시켜야 한다. 예를 들어 이런 식이다.

- 돈이 부족하다면?
⇨ 합리적인 지불 방식을 제안하거나 후불로 물건을 보낸다.
- 당장 그 물건이 필요치 않다면?
⇨ 잠재고객이 사용 가능한 다양한 사용법이 담긴 목록을 작성한다.
- 당신을 믿지 않는다면?
⇨ 증명서와 상품 보증 등등 당신이 처한 상황을 입증할 수 있는 모든 것을 제공한다.

솔직히 말하면 두 번째 단계를 실행에 옮길 때 나는 일종의 독심술을 이용한다. 이것은 내 세일즈레터가 크게 성공을 거둔 가장 큰 이유 중 하나이기도 하다. 나는 세일즈레터를 반복해서 읽으며 이렇게 자문한다. '독자라면 여기서 어떤 질문을 할까?' 그런 다음 글을 다듬는다.

대다수 카피들은 충분한 정보를 제공하지 않는다. 개인적으로 나는 인터넷이 아닌 카탈로그를 보고 제품 구입에 나서는 것을 선호한다. 그리고 카탈로그가 내가 품은 의문에 대한 답변을 충분히 제공하지 않으면 구매에 나서지 않는다. 오스트레일리아의 마케팅 권위자이자 내 친구인 윈스턴 마시는 사람들이 구매를 생각할 때 정보 중독자가 된다고 주장한다. 그들은 상세한 설명이 담긴 카피와 적절한 답변을 원한다. 여기서 내가 할 일은 그들의 의문과 답변을 예상하는 것이다.

최면성 있는 언어를 이용한다

나의 능력이 특히 빛을 발하는 영역이다. 나는 스와이프 파일 (텍스트로 검증된 광고와 세일즈레터를 모아놓은 파일)을 옆에 두고 글을 읽는다. 그리고 최면성 있는 문장으로 대치할 곳을 찾는다.

이 책의 앞부분에서 당신은 이런 방식이 효과적이라는 것을 알았다. 나는 종종 세일즈레터를 열 번도 더 읽으면서 최면성 있는 문장으로 고쳐 쓸 수 있는 곳을 찾는다. 스와이프 파일이 내게는 버팀목이나 비밀 병기와 마찬가지다. 설득력 있는 글쓰기를 진지하게 생각하고 있다면 누구든 스와이프 파일을 가지고 있어야 한다는 것이 내 생각이다. 이런 이야기를 하는 것은 이것이 명확한 사실이기 때문이다.

나는 마음속에 있는 제품 이름과 내 손에 있는 스와이프 파일을 가지고 제품에 관한 글을 쓴다. 스와이프 파일이 내게 최면성 있는 글을 쓸 수 있는 능력을 제공한다.

49.
강아지 값은
얼마인가?

대학생 시절에 나는 점박이로 이름 붙인 길 잃은 개를 보살 핀 적이 있다. 점박이라고 부른 까닭은 비글과 달마티안의 잡종 인 그 개의 몸에 점이 많았기 때문이다. 아버지는 잡종이라 부르 며 점박이를 비아냥거리곤 했다. 내가 관심을 보이면 뭐든 놀리 던 분이라 그리 이상할 것도 없었다. 하지만 점박이에 대한 아버 지의 놀림은 나를 불쾌하게 했다. 나는 점박이를 진심으로 좋아 했기에 존중받아 마땅하다고 생각했다. 그래서 어느 날 스토리를 하나 만들었다.

그때 점박이는 가게 밖에서 나를 기다리고 있었다. 내가 가게 에서 나오자 한 노인이 점박이를 유심히 관찰하고 있었다.

"이 강아지가 자네 개인가?" 노인이 물었다.

"네." 내가 없는 동안 점박이에게 무슨 일이 있었는지 궁금해하며 내가 대답했다.

"희귀한 개를 가지고 있군."

"네?"

"이 강아지는 이 근방에서 찾아보기 힘든 귀한 품종이지. 모르긴 몰라도 1천 달러는 족히 나갈 걸세."

"전 강아지를 팔 생각이 없는데요." 나는 말을 마친 후 점박이와 함께 자리를 떴다.

나는 이 짧은 스토리를 아버지에게 말했다. 그러자 아버지는 그 이후로 점박이를 달리 보기 시작했다. 아버지는 점박이와 함께 놀고 사료도 주었으며, "이 녀석은 정말 총명하다니까."라며 칭찬의 말을 건네기도 했다. 대학을 마치고 집을 떠날 때 나는 점박이를 가족에게 맡겼다. 아버지는 점박이의 수명이 다할 때까지 정성껏 보살폈다.

이제 진실을 말하자면 내가 아버지에게 말한 스토리는 실제가 아닌 허구였다. 아버지의 선입견을 바꾸려고 스토리를 꾸민 것이었다. 그 전까지 점박이는 잡종 개였다. 하지만 스토리가 만들어진 후로는 혈통 좋은 개가 되었다. 인식이 모든 것을 좌우한다.

50.
인식을 바꾸는 방법

세일즈레터를 작성할 때면 그때마다 자신의 제품이나 서비스를 구입하도록 잠재고객의 인식을 변화시켜야 한다. 그렇다고 거짓말을 하거나 속임수를 쓰거나 훔치는 식으로 잠재고객을 잘못된 길로 유인해서는 안 된다. 그것은 비윤리적이고 불법적인 행위다. 30여 년 전 나는 아버지에게 거짓말을 한 적이 있다. 정신적으로 성숙하지 못했던 당시에는 그것이 최선이었다. 하지만 고객들에게는 거짓말을 하지 말아야 한다. 절대 그렇게 해서는 안 된다!

그렇다면 어떻게 잠재고객의 인식을 바꿀 수 있을까? 넓은 시각으로 상황을 주시하면 가능하다. 당신의 제품 가격이 1천 달러가 넘는다고 가정해 보자. 당신은 그 가격을 말하기 전에 잠재고객이 그 가격을 받아들일 수 있도록 그의 심리를 먼저 유도해야 한다.

가령 잠재고객에게 매장에서 그 제품을 구입하면 제품 가격이 5천 달러라는 사실을 넌지시 알려줄 수 있다. 그들이 직접 그 제품을 만들면 그 가격이 1만 달러에 달할 수 있다는 사실을 넌지시 말해줄 수도 있다. 또한 제품을 직접 만들면 막대한 비용과 노동과 잠 못 이루는 많은 날들을 희생해야 한다는 사실을 언급할 수도 있다.

고가인 타사 제품과 비교하여 당신의 제품이 훨씬 저렴한 것처럼 보이게 하면 잠재고객들이 더 수월하게 그 제품을 선택할 수 있을 것이다. 거듭 강조하지만 거짓말을 하지 마라. 사실을 말해야 한다. 당신의 제품이 없다면 잠재고객이 어떤 상황에 처할 수 있는지 상세히 설명하라. 그런 다음 그 제품의 가격을 알려라.

다소 혼란스러울 수 있지만 내 주장을 뒷받침하는 심리학의 한 분야가 있다. 존 버튼은 자신의 저서 『평형 상태』에서 사람들이 성공(기쁨)에 다가가거나 실패(고통)로부터 멀어지려 하지 않는다고 주장했다. 그는 이렇게 적었다. "그 대신 우리는 성공이나 실패를 연상케 하는 심리 상태에 다가가거나 멀어진다."

도대체 무슨 뜻일까? 이것은 잠재고객이 당신의 제안과 가격, 제품에 대해 심리적 관념을 가지고 있다는 것이다. 이것은 당신의 제품, 가격, 제안을 어떻게 설명하느냐를 두고 발생하는 심리학적 연상이다. 즉 당신의 제품, 가격, 제안을 설명하는 방식에 따라 그들의 심리에 영향을 미칠 수 있고, 나아가 그들의 인식까지 변화시킬 수 있다.

당신의 제품이 존재하지 않는 상황을 설명한 다음, 그 제품을 소유하고 있는 상황을 설명하면 대조 효과로 새로운 인식이 만들어진다. 당신은 이런 식으로 잠재고객의 심리에 영향을 미칠 수 있다.

나의 아버지는 '길 잃은 개는 잡종 개'라고 심리적으로 연상했다. 그러나 점박이가 사실은 고가의 가치를 가진 희귀 품종이라는 새로운 시각을 제시하자 아버지의 인식이 바뀌었고, 궁극적으로 태도까지 바뀌었다. 아버지를 잘 설득하여 점박이를 판매한 셈이다.

글쓰기를 할 때에는 당신도 이런 능력을 가지고 있다는 사실을 명심해야 한다. 당신이 자신의 메시지를 어떻게 설명하고 비교하느냐에 따라 잠재고객의 인식에 영향을 줄 수 있기 때문이다. 이것이 바로 가장 빨리 최면에 걸리게 하는 최면 글쓰기이다.

마음은 쉽게 착각을 일으킨다

당신이 배우게 될 또 다른 비법은, 마음은 시각적 환영뿐만 아니라 문자의 환영에 의해서도 쉽게 착각을 일으킨다는 것이다. 아마도 당신은 시각적 환영에 익숙할 것이다. 많은 책과 사이트에서 이런 사례들을 찾아볼 수 있다.

　이 유명한 이미지는 늙은 여인을 닮아 보인다. 하지만 더 오랫동안 지켜보고 있으면 같은 이미지에서 순간적으로 젊은 여인의 옆얼굴이 보인다. 그렇다면 당신은 늙은 여인을 보고 있는 걸까, 아니면 젊은 여인을 보고 있는 걸까? 이 이미지에는 두 여인이 모두 존재한다. 하지만 당신이 본 것은 아마 환영일 것이다. 자, 이번에는 다음 이미지를 보자.

이미지가 움직이는 것처럼 보이는가? 실제로는 전혀 움직이지 않는다. 당신의 심리가 움직인다는 착각을 불러일으키고 있는 것이다. 이것은 시각적 환영이다.

문자와 관련해서도 유사한 상황이 벌어질 수 있다. 결국 문자도 이미지다. 그런데 문자는 우리의 뇌에서 일종의 난청 지역에 속해 있다.

케임브리지 대학의 조사에 따르면, 한 단어에서 철자의 순서는 중요하지 않다. 가장 중요한 것은 첫 철자와 마지막 철자가 올바른 위치에 있어야 한다는 것이다. 나머지 철자들은 뒤죽박죽이어도 별문제 없이 그 단어를 읽을 수 있다. 이것은 인간의 마음이 모든 철자를 일일이 읽지 않고 뭉뚱그려 그 단어를 읽기 때문이다.

그렇다고 철자가 틀린 단어나 의도적으로 사람들을 착각하게 만드는 것을 옹호하려 것은 아니다. 단지 하나의 원리가 작용하고 있음을 증거로 보여주고자 하는 것이다. 당신의 마음은 허점이 많다. 멀리서 존재하지 않는 것을 보기도 하고, 가까이에 존재하는 것을 놓치기도 한다. 마술사들이 우리를 바보로 만들 수 있는 것도 바로 이 원리가 작용하기 때문이다.

그렇다면 당신의 세일즈레터, 광고, 이메일, 웹사이트 등에서 어떻게 이런 비법을 사용할 수 있을까? 방법은 간단하다. 당신은 빈칸 채워 넣기 방식으로 당신의 단어들을 의식적으로 짜깁기할 수 있다. 구매를 억지로 강요하지 않고 당신의 제품이나 서비스를 상상하도록 도움을 줄 수 있는 것이다. 이것은 최면 글쓰기에서나 스포츠에서나 다 마찬가지이다. 간단한 사례를 들어보자.

'이 미끈한 차가 시골길을 달리는 장면을 상상해 보세요.'

당신은 어떤 장면을 떠올렸는가? 십중팔구 스포츠카를 떠올렸을 것이다. 하필 왜 스포츠카일까? '미끈한'이라는 단어가 당신의 마음을 시각적인 장면으로 이끌었기 때문이다. 이런 이미지는 내 마음이 아니라 당신의 마음에서 만들어진다. 내가 당신에게 미끼를 던지자 당신의 마음은 바로 그 미끼를 덥석 물었다. 마음은 이런 식으로 작용한다.

사례를 들기 전의 문장에서 나는 당신의 마음속에 '스포츠카'라는 단어를 심어놓았다. 당신은 이를 눈치챘는가?

'이것은 최면 글쓰기에서나 스포츠나 다 마찬가지다'라는 문장을 상기해 보라. '스포츠'라는 단어는 이미 당신의 의식 속에 자리잡고 있다가 내가 '미끈한 차'를 상상해 보라고 하자 바로 머릿속에 떠올렸던 것이다. 나는 『설득의 심리학』의 저자인 케빈 호건과 이야기를 나누었다. 제품을 사용하는 자신의 모습을 실제로 고객들에게 보게 할 수 있다면 당신은 큰 소득을 올릴 수 있다고 케빈 호건은 주장한다. 비결은 그들이 당신의 제품을 가지고 있는 모습을 상상하게 만드는 것이다. 이런 개념은 다소 이해하기 힘들 수 있다. 사례를 더 들어보자.

MSN 홈페이지를 방문한 나는 '페라리 랩톱을 보라'고 적힌 제목을 보았다. 스포츠카를 좋아하기 때문에 바로 클릭을 했다. 그런데 오픈카가 아닌 랩톱컴퓨터 사진을 보고 깜짝 놀란 내 표정을 상상할 수 있는가? 내 마음이 '페라리'라는 단어에 쏠린 나머지 다음 단어를 무심코 지나쳤던 것이다. 이런 사례들은 허다하다.

가끔 나는 'Stop buy and see us'라는 문장으로 세일즈레터를 끝낼 때가 있다. '들르다'라는 의미의 'stop by'를 적는다는 것이 그만 by 대신 발음이 같은 buy를 잘못 사용한 것이다. 그런데도 나는 이런 사실을 거의 눈치채지 못했다. 내 마음이 이 대목을 'stop and by'로 본 탓이다.

도심에 사는 한 친구가 'Take car'라는 단어로 이메일을 끝마칠 때에도 나는 미묘한 최면 글쓰기를 눈치챘다. '안녕'이라는 의미의 'Take care'를 이렇게 적은 것이다. 그는 차를 타고 자신을 찾아오라는 의미를 내 마음에 전하는 방식으로 'Take car'를 사용한 것처럼 보인다. 이런 '마음의 빈틈'은 혼란스럽지만 커뮤니케이션을 유발할 수 있다. 그리고 이 원리를 이용하여 잠재고객이 당신의 세일즈레터에 담긴 제안을 받아들이도록 컨트롤할 수 있다. 당신의 글과 그 방식은 그들의 마음속에 이미지를 만들 것이다. 그리고 이것이 인식을 만들어내고, 곧 그들의 현실이 될 것이다.

그러고 보니 〈심슨 가족〉에 나오는 에피소드가 기억난다. 어수룩한 식당 주인이 데이트 상대를 유혹하려고 저녁 만찬을 제안하면서 "거기 가면 변기 뚜껑만큼 커다란 스테이크를 먹을 수 있어요."라고 말한다. 그의 말은 우호적인 분위기에 찬물을 끼얹었다. 변기 뚜껑과 스테이크를 연결시키는 것이 밥맛을 싹 가시게 만들었기 때문이다.

내가 어렸을 때 아버지는 본인이 대머리인 것을 자랑스럽게 말하곤 했다. "떠들썩한 거리에는 풀이 자라지 않는 법이지."라고 말하는 식이다. 대머리는 사색가라는 인상을 풍기게 하는 설명이었다. 그런데 어느 날 누군가 아버지에게 이렇게 말했다. "알다시피, 콘크리트에서도 풀은 자라지 않죠."

이 새로운 설명이 새로운 인식을 만들었다. 그렇다면 누구의 말이 사실일까? 둘 다 사실이다.

최면 글쓰기를 할 때는 독자의 심리를 당신이 원하는 방향으로 이끌 수 있도록 신중을 기해야 한다. 당신의 제안, 가격, 제품을 설명하는 방식이 잠재고객의 인식을 결정할 것이다. 그리고 그들의 인식이 곧 그들의 현실이 된다. 『워드위빙』을 쓴 트레버 실버스터는 이렇게 주장했다. "우리는 결코 현실을 알지 못한다." 이 말의 의미를 곱씹어보라.

51.

드디어 완성한 조 비테일
최면 글쓰기 공식

이제 당신은 나의 최면 글쓰기를 뒷받침하는 철학과 심리학을 대략 알게 되었을 것이다. 이제부터 실제로 특정한 나의 공식을 살펴보자. 이른바 '조 비테일의 최면 글쓰기 전략'으로 카피를 작성하는 방식이다. 이 방식을 통해 당신은 현재 사용하고 있는 카피를 최면 글쓰기로 탈바꿈시킬 수 있다. 먼저 다섯 가지 기본 단계들부터 살펴보자.

1. 의도: 당신의 마음을 통제하라.

2. 조사: 당신의 마음에 정보를 제공하라.

3. 창조: 당신의 마음을 자유롭게 하라.

4. 정정: 당신의 마음을 예리하게 하라.

5. 테스트: 당신의 마음을 훈련시켜라.

의도

의도란 글쓰기의 목표나 글쓰기가 원하는 결과를 밝히는 것이다. 무엇을 얻고 싶은지 명확히 해야 한다. 물론 당신은 평범한 세일즈레터를 쓰고 싶지 않을 것이다. 그 정도의 세일즈레터라면 누구나 작성할 수 있기 때문이다. 당신이 원하는 것은 많은 주문을 성사시킬 수 있는 세일즈레터이다. 당신의 의도가 무엇이든 간에 일단 그대로 적어라. 이것이 목표를 향해 마음의 준비를 하게 만들 것이다.

훌륭한 카피라이터인 데이비드 가핑클은 까다로운 세일즈레터를 작성하면서 조언을 구하려고 내게 전화했다. 나는 그에게 한 가지 조언을 해주었다. "100퍼센트 응답을 얻기 위해 필요한 조건이 무엇인지 스스로에게 물어보십시오."

어떤 카피가 100퍼센트 응답을 얻는다는 것은 기적과도 같은 일이다. 그렇지만 전혀 불가능한 일도 아니다. 실제로 1925년 브루스 바턴은 100퍼센트 응답을 얻은 세일즈레터를 작성한 적이 있다. 그렇다면 당신이 작성하려는 글에서 당신의 의도는 무엇인가?

이 의도를 생각하는 동안 효과적인 최면 글쓰기를 위해 마음을 통제하는 법을 알려줄까 한다. 아직 단 한 번도 이 비밀을 발설한 적이 없으니 당신은 일종의 뉴스 특보를 듣는 셈이다.

『성공에 이르는 면허』의 저자인 노아 세인트 존은 '확언

affirmation'이라는 방식을 개발했다. 전통적으로 확언이란 마음을 길들이기 위해 사용하는 긍정적인 진술을 말한다. 가령 '지금 나는 부유하다'라는 표현은 확언이다. '지금 나는 최면 글쓰기를 하고 있다'라는 표현 역시 확언이다. 그러나 노아는 이런 표현이 고객의 관심을 끌지 못하는 제한된 진술이라고 주장한다. 그는 '왜'라는 질문을 하라고 조언한다. 예를 들어 '왜 나는 부유할까?' 혹은 '왜 지금 나는 최면 글쓰기로 카피를 쓰고 있는 걸까?'라고 묻는 식이다. 그는 이것을 확언이라 부른다.

노아는 '왜?'라는 질문이 숨겨진 진의를 알게 해주는 답변을 이끌어낼 수 있다고 말한다. '왜 지금 나는 이상적인 체중을 가지고 있는 걸까?'라고 물을 경우 당신이 이상적인 체중을 가지고 있는 이유와 방법을 찾도록 당신의 마음을 통제하는 상황이 벌어진다.

이를 염두에 두면서 최면 글쓰기에 '왜?'라는 질문을 활용해 보라. '왜 내 세일즈레터가 100퍼센트 응답을 얻지 못한 걸까?' 혹은 '왜 지금 나는 부유한 글쓰기 작가가 된 걸까?'라고 스스로에게 질문을 던질 수 있다.

당신에게 좋은 아이디어가 떠올랐다고 하자. 당신에게 가장 적절하다고 여겨지는, 당신의 글쓰기 의도를 정하라. 그러면 이것이 원하는 결과를 얻도록 당신의 마음을 통제할 것이다.

지금 당장 당신의 글쓰기를 위한 의도를 정해 보자. 간단한 방법은 예전에 이미 써놓았던 글을 다시 고쳐 쓰거나 '확언' 형태의 질문을 하는 것이다.

조사

조사는 철저한 준비를 의미한다. 나는 제품이나 서비스에 대한 세밀한 검토를 마칠 때까지 절대 세일즈레터를 작성하지 않는다. 당신 역시 과거의 마케팅 자료를 빠짐없이 읽고 고객과 대화를 나누며 제품을 실제로 사용해 봐야 한다. 토니 로빈스 사무실에서 '디 엣지'라 불리는 새로운 오디오 시리즈 광고를 위해 나를 원했을 때 나는 그 제품을 보여 달라고 부탁했다. 비록 로빈스의 제품이 고품질로 정평이 나 있지만 최대한 많은 정보를 얻으려면 그 제품을 내 눈으로 직접 확인해야 했다.

언제 번뜩이는 순간이 찾아올지 아무도 알 수 없다. 데이비드 오길비는 자신이 광고하는 자동차 매뉴얼을 읽다가 그 유명한 광고 제목을 발견했다. 지금 그 타이틀은 전설이 되었다.

'시속 60마일로 달리는 이 신형 롤스로이스에서 가장 큰 소음은 전자시계에서 나는 똑딱거리는 소리입니다.'

예전에 댄 케네디는 카피라이터가 할 일은 기업주가 말하지 않거나 말할 수 없는 것을 끄집어내는 거라고 내게 조언한 적이 있다. 제품을 파는 사람들과 대화하라. 기업주와 대화하라. 그들과 대화를 나누다 보면 카피에 활용할 수 있는 뭔가를 찾아낼 수 있을 것이다.

카피라이팅에서 이것이 '두뇌에 정보를 제공하는' 역할을 한다. 카피의 한 단어를 적기 전에 사실부터 확인해야 한다. 그러지 않으면 당신은 허구를 쓰게 될 것이다.

그리 대단한 것은 아니지만 나만의 비결이 있다면 그것은 제품이나 서비스에서 사람을 흥분하게 만드는 요소를 발견하는 것이다. 흥분은 전염성이 있고 잘 받아들여지기 때문에 일단 제품이나 서비스에서 그런 요소를 발견하면 글을 통해 독자에게 흥분된 나의 감정을 발산할 수 있다. 그러면 그 글을 읽은 독자들이 구매자가 될 수 있다.

또 다른 비결은 나의 조사에 근거하여 실제로 도움이 되는 타이틀을 만드는 것이다. 타이틀은 내게 '생각의 손잡이' 같은 역할을 한다. 여기에는 세일즈레터의 기본적인 메시지가 담겨 있다. 물론 나중에 타이틀을 변경할 수도 있지만 당장은 내 마음의 구심점이 된다.

『로버트 콜리어 레터북』(세일즈레터 글쓰기와 관련하여 지금까지 쓰인 책 중에서 가장 위대한 매뉴얼)의 저자인 로버트 콜리어는 사람들이 뉴스를 원한다고 말했다. 여기서 카피라이터인 내가 하는 일은 리포터처럼 생각하는 것이다. 내가 팔아야 하는 제품이 무엇이든 자료를 재검토하며 새로운 정보를 모색한다. 이것이 새로운 제품인가? 새로운 사용법이 있는가? 어떻게 나의 잠재고객에게 새로운 제품이 될 수 있을까? 뉴스는 사람들의 관심을 끈다. 그래서 나는 조사를 하면서 뉴스를 열심히 뒤진다.

창조

창조는 생산을 의미한다. 이 단계에서 당신은 첫 번째 초안을
만든다. 최종안이 아닌 초안을 만드는 것이다. 여기서 나의 비
결은 창조성이 자유롭게 발휘되도록 내면의 편집자를 없애는
것이다.

나의 소프트웨어 프로그램인 최면 글쓰기 마법사에는 '무의식
유도 글쓰기'로 불리는 기능이 포함되어 있다. 이것은 내면의 편
집자를 지워버리는 기능이다. 소프트웨어에서 이 기능을 선택하
면 스크린에 아무것도 뜨지 않는다. 대충 시간을 정해놓고 계속
키보드를 두드린다. 글쓰기를 마치면 나가기를 클릭한다. 그러
면 스크린이 다시 돌아오고 당신의 글은 저장된다.

이 개념은 글쓴이로부터 내면의 편집자를 분리하는 것이다. 당
신에겐 두 가지 기능이 모두 필요하지만 동시에 필요한 것은 아
니다. 이것이 바로 최면 글쓰기의 중요한 비밀이다. 글쓰기를 할
때 자꾸 고치려 드는 내면의 목소리를 무시할수록 첫 번째 초안
의 품질이 좋아질 가능성이 커진다. 다시 말하지만 이 단계의 비
결은 즉흥적으로 글을 쓰는 것이다. 기본 법칙은 '글쓰기를 멈추
지 마라'는 것이다. 교정은 다음 단계에서 마음껏 할 수 있다. 그
러니 당장은 마음이 가는 대로 쓰고 볼 일이다.

고쳐쓰기

세상에 위대한 작가는 존재하지 않으며, 오직 위대한 고쳐쓰기 작가들만 존재한다는 격언이 있다. 이것이 교정의 중요한 의미다. 앞서 나는 점검하거나 확인할 필요 없이 최대한 빨리 첫 번째 초안을 쓰라고 권유했다. 그러나 이번 교정 단계에서는 당신의 글쓰기 작업을 재검토할 것을 적극 권유한다.

교정은 보석이 반짝이도록 광을 내는 단계라고 할 수 있다. 수동적인 단어들을 능동적인 단어로, 불충분한 문장을 최면성 있는 문장으로 바꿔주는 단계이기도 하다. 교정 단계에서 당신은 언어의 조각가가 되어 단어와 문장을 이리저리 이동시키며 카피를 재설계한다. 물론 여기에는 특별한 요령이 필요하다.

- 스티븐 킹의 조언을 활용하라. 세일즈레터를 10부쯤 카피한다. 10명의 동료들에게 한 부씩 나눠주고 그들의 피드백 중에서 다수가 좋게 평가하는 세일즈레터를 선택한다.
- 쉼표가 눈에 보일 때마다 마침표로 바꿀 수 있는지 확인하라. 사람들은 종종 길게 늘어지는 문장을 구사한다. 이런 문장이 있다면, 쉼표를 사용하여 한 문장에서 절을 분리하고 마침표를 사용하여 여러 개의 짧은 문장으로 바꿔 보자. 이 작업이 글을 '생기 있게' 만들어준다.
- 능동적인 언어를 사용하라. 수동적인 언어는 지루한 느낌이지만 능동적인 언어는 최면성이 있다. 이것이 바로 1918년에 출간된 『문체

의 요소들』의 저자 E.B. 화이트로부터 나에게 이르기까지 많은 전문가들이 주장한 글쓰기 비결이다. 예컨대 '그 책은 나에 의해 읽혔다'는 문장은 수동적이지만 '나는 그 책을 읽었다'는 능동적이다.

- 누군가 당신의 세일즈레터에서 단어 하나를 없앨 때마다 1천 달러를 지불한다고 생각하라. 거침없이 수정하라.

- 단락을 재배치하라. 대다수 위대한 작가들은 언어의 조각가들이다. 그들은 게임판 위의 체스 말처럼 단락을 이리저리 옮긴다. 언어의 미켈란젤로인 것처럼 행동하라. 최대한 문맥이 잘 이어지도록 당신의 글을 재배치하라.

- 당신의 잠재고객과 대화하라. 이것이 가장 중요한 비결이다. 카피를 작성할 때 나는 심리적인 부분을 고려한다. 항상 세일즈레터의 한 대목을 보고 잠재고객들은 마음속으로 어떤 생각을 떠올릴까? 스스로에게 질문을 던진다. 그런 다음 답을 찾기 시작한다.

- 최면이 걸리게 하는 암시를 넣어라. 이것 역시 중요한 비결이다. 나는 초안을 훑어본 다음 문장을 덧붙이거나 고쳐 쓰면서 최면성 있는 문장으로 다듬는다. 특히 이 과정에서 '스와이프 파일' 같은 도구를 활용한다.

- 자신이 쓴 글을 큰 소리로 낭독하라. 이것은 매우 의미심장한 과정이다. 자신의 글을 큰 소리로 읽다 보면 읽는 속도를 늦출 수밖에 없게 되고, 그 결과 글을 더 잘 이해하게 된다. 그런데 여기에는 중요한 비결이 한 가지 더 숨겨져 있다. 이런 식으로 낭독하다 보면 잘못 쓰거

나 어색한 문장들을 확실히 구분할 수 있게 된다. 만약 당신의 글을 읽는 누군가가 더듬거리거나, 이맛살을 찌푸리거나, 당황해하는 것처럼 보인다면 그 대목을 주시하고 글을 다듬어야 한다.

- '누군가 내 글에서 건너뛰는 부분이 어디일까?'라고 자문해 보라. 당신의 직감을 믿어야 한다. 어떤 한 문장이 지루하게 느껴진다면 다시 고쳐 쓰거나 짤막한 문장으로 나누거나 아예 삭제해 버려야 한다. 예전에 저명한 한 소설가는 "나는 사람들이 건너뛰는 부분을 삭제하려 애쓴다."라고 말했다. 세상에는 세 가지 유형의 독자가 존재한다. 한 글자도 빠뜨리지 않는 독자와 대충 건성건성 읽는 독자 그리고 아예 건너뛰는 독자가 그들이다. 대충 읽는 독자라면 핵심 단어, 장점, 소제목 등을 중심으로 당신의 글을 훑어볼 것이다. 그리고 건너뛰는 독자라면 큰 제목부터 추신까지 주요한 메시지만 얼른 훑어볼 것이다. 당신의 글은 이 세 가지 유형의 독자들 모두에게 호소력을 가지고 있어야 한다. 고쳐쓰기를 할 때에는 이 점을 꼭 명심해야 한다.

- 자신의 글을 재검토할 때는 체크리스트를 활용하여 개선이 가능한 특정 부분을 확인하라.

당신은 이미 작성한 세일즈레터를 면밀히 검토하면서 고쳐쓰기에 이런 팁들을 활용할 수 있는지 확인해야 한다. 자, 지금부터 시도해 보자.

테스트

테스트는 사람들이 무엇을 원하는지 마음속을 훤히 알 수 없기 때문에 반드시 필요한 과정이다. 막연한 추측에만 의존해서는 안 된다. 최상의 카피를 쓰고 교정한 다음 시장에 내놓고 그 카피가 실제로 구매를 유도할 수 있는지 확인해야 한다.

테스트는 위대한 마케팅의 신이다. 만약 테스트가 없다면, 깜깜한 방에서 날아가는 참새를 향해 사격하는 것이나 마찬가지다. 어딘가 총알이 맞긴 하겠지만 보나 마나 그곳은 참새가 아닌 벽이나 천장일 것이다.

인터넷 덕분에 테스트가 한결 수월해지고 있다. 당신의 세일즈레터를 고객에게 이메일로 보내거나 당신의 웹사이트에 올리거나 혹은 구글에 광고로 게재해 보라. 그러면 당신의 세일즈레터가 시장에서 얼마나 효과가 있는지 쉽게 확인할 수 있다. 이것이 바로 내가 최면 글쓰기를 위해 거쳤던 과정이다. 이 과정을 거듭할수록 당신은 더욱 능숙하게 최면 글쓰기를 할 수 있을 것이다.

52.

새로운 최면 카피
체크리스트

다음 목록은 나만의 비밀 체크리스트다. 첫 번째 초안을 쓰고 다듬은 후 다음 목록을 이용하여 글쓰기에서 당신의 잠재력이 어느 정도인지 확인해 보라.

그래픽에 관한 새로운 질문이 등장할 것이다. 개인적으로 나는 오프라인이든 온라인이든 카피 작성에 그래픽이 널리 사용되고 있지 않다고 생각한다. 그러나 그래픽은 관심을 끌고 제품을 설명하고 판매 메시지를 강조하는 데 많은 도움이 된다.

- 당신의 시작 글이 신속하게 그리고 강렬하게 독자의 관심을 끌어들이고 있는가? 당신의 시작 글이 흥미를 유발하고 있는가?
- 카피가 바로바로 쉽게 읽히면서 시종일관 읽고 싶은 욕구를 불러일으키고 있는가? 카피가 지루하지 않은가?
- 카피를 읽는 사람과 대화하듯 카피가 만들어지고 있는가? 당신의 잠

재고객과 서로 의견을 같이하며 대화를 이끌고 있는가?

- 짧은 문장, 짧은 단어, 짧은 단락, 굵은 점, 소제목 등을 사용한 카피가 시각적으로 호감을 불러일으키는가?

- 카피가 거부감을 없애며 모든 의문에 답하고 있는가? 광고가 일관성 있는 판매 논리를 전개하고 있는가?

- 카피가 추천사를 포함하고 있으며 증명서, 명세서, 보증서로 신뢰감을 주고 있는가? 잠재고객이 카피를 읽고 난 후에도 회의적인 시각을 가질 수 있는가?

- 카피가 구매 행위를 해야 하는 타당한 이유를 가지고 끝맺음하고 있는가? 잠재고객이 어떤 행동을 해야 하는지 언급되어 있는가?

- 카피가 잠재고객이 원하는 관점으로 작성되어 있는가? 제품 구매를 통해 잠재고객의 삶이 어떻게 향상될 수 있는지 당사자는 알고 있는가?

- 당신이 무엇을 판매하고 있는지 명확히 알고 있는가? 핵심적인 한 가지 구매 제안을 하고 있는가?

- 카피가 당신 회사의 새롭고 독특한 장점을 잘 전달하고 있는가? 경쟁사 역시 이 카피를 사용할 수 있는가?

- 잠재고객이 당장 구매 행위에 나서야 하는 최종 기한이나 다른 논리적 이유가 존재하는가? 잠재고객이 카피를 읽고 나서 응답을 차후로 미룰 수 있는가?

- 제품을 구매해야 하는 다양한 이유가 존재하는? 구매를 원하는 잠

재고객에게 그 이유를 설명하여 구매에 나서게 할 수 있는가?

- 당신의 카피가 타이틀을 충실히 따르고 있는가?

- 잠재고객에게 당신의 제품을 구입하지 않을 경우 발생할 수 있는 것에 대해 각인시켰는가?

- 간결한 카피를 위해 가급적 적은 수의 단어로 당신이 해야 할 말을 하고 있는가?

- 이것이 당신의 능력을 최대치로 발휘한 카피인가?

- 관심을 끌기 위해 그래픽을 포함시켰는가? 그래픽은 적절한가? 그래픽이 제품이나 서비스를 잘 설명하고 있는가? 그래픽이 당신의 메시지를 강조하고 있는가?

53.
최면으로 설득하는
5가지 비밀 법칙

나는 지금까지 5가지 비밀 법칙을 외부로 드러낸 적이 없다. 그러나 이 법칙들을 활용하면 최면 글쓰기에 많은 도움을 받을 수 있다.

참여

당신의 독자를 참여시킬수록 그들이 제품 구매에 나설 가능성이 커진다. 그들에게 주문 완료를 부탁하라. 당신의 웹사이트를 쌍방향으로 만들어라. 내 말이 무슨 뜻인지 알겠는가?

선택

당신과 고객 모두에게 유리한 선택을 그들에게 제공하라. 한 가지 품목만으로 구매 유무를 묻는 것은 그리 좋은 선택이 아니다. 잠재고객이 선택권을 쥐고 있다는 느낌이 들게 하려면 두 가지 이상의 품목을 제시해야 한다. '당신은 지금 이 제품을 원하십니까, 아니면 나중에 원하십니까?'라는 식의 질문도 잠재고객에게 선택권이 있다는 뉘앙스를 풍길 수 있다.

자아

독자들의 자아를 달래주어야 한다. 하지만 진정성을 가지고 그렇게 해야 한다. 거짓말을 하지 말아야 하고, 잘못된 방향으로 유인해서도 안 된다. 칭찬은 누구나 좋아하기 마련이다. 강아지를 토닥거려 보라. 당신의 집까지 당신을 졸졸 따라올 것이다. 똑똑한 당신은 이미 내 말이 무슨 뜻인지 눈치챘을 것이다.

보상

당신의 부탁을 들어준 사람들에게 보답하라. 그들에게 경품이나 상품 또는 보너스 등을 제공하라. 이것이 가치를 창출하고 구매자에게 후회의 감정을 없애주며 자아를 달래준다.

호기심

최면 글쓰기 작가가 이용할 수 있는 가장 강력한 심리적 수단이 무엇일까? 나는 매일같이 호기심을 활용한다. 예를 들어 친구에게 전화를 걸어 이렇게 말한다. "지금까지 팔린 메르세데스 벤츠 중에서 가장 비싼 벤츠가 얼마인지 알고 있나?" 내 질문에 그들은 호기심을 보이며 경청한다. 그러면 나는 1929년산 2인승 메르세데스 벤츠가 400만 달러가 넘는 가격에 팔렸다고 설명하며 이야기를 마친다(물론 내 말은 사실이다).

54.

최면 글쓰기에 관한
주요 저서들

어느 날 밤, 저명한 마케팅 전략가인 제이 에이브러햄은 나와 댄 케네디, 재이 콘라드 레빈슨을 인터뷰했다. 제이는 우리에게 좋아하는 책 두 권을 추천해달라고 부탁했다. 나는 숨을 들이켰다. 제이가 그 소리를 들었다.

"책은 곧 당신의 삶이죠, 그렇지 않나요?" 제이가 물었다. 그는 내가 많은 책을 소장하고 있는 책벌레임을 익히 알고 있었다. 제이의 물음에 선뜻 답하기 힘들었다. 최면 글쓰기에 도움이 되는 책들을 단 몇 권만 골라낸다는 것이 여간 힘든 일이 아니었기 때문이다. 그럼에도 나는 선택했는데, 그 목록은 다음과 같다.

만약 당신이 영향력 있는 최면 글쓰기 작가가 되는 것을 진지하게 고려하고 있다면 이 목록에 실린 책들을 보물처럼 아끼며 연구해야 한다. 이 책들이 내 인생을 변화시켰다. 최면 글쓰기를 원한다면 당신은 무슨 수를 써서라도 이 책들을 손에 넣어야 할 것이다.

• 『로버트 콜리어의 레터북The Robert Collier Letter Book』, 로버트 콜리어

이 책을 읽기 전까지만 해도 나는 그저 그런 평범한 작가였다. 그러나 이 책을 읽고 나서 전문적인 최면 글쓰기 작가가 될 수 있었다. 대다수 카피라이터들이 자신의 글쓰기 능력을 변화시켜준 책으로 인정하고 있다. 하드커버 또는 페이퍼백 형태로 이 걸작을 구입할 수 있다. http://www.RobertCollierPublications.com을 참조하라.

• 『가독성을 높여 주는 글쓰기 기술The Art of Readable Writing』, 루돌프 플레시

이 책은 내 눈을 뜨게 했다. 플레시는 간단한 커뮤니케이션 방식을 알려주고 있다. 기본적으로 말하는 대로 글을 쓰는 방식이다. 그는 유명한 가독성 공식을 개발했다. 현재 초판은 절판된 상태이지만 『더 나은 글쓰기를 위한 표준 가이드The Classic Guide to Better Writing』라는 제목이 붙은 개정판을 구입할 수 있다.

- 『무한 판매력Unlimited Selling Power』, 도널드 모이네와 케네스
  로이드

1990년에 최면 글쓰기를 할 수 있도록 내게 아이디어를 제공한 책이다. 탁월한 이 작품에서는 스타일과 테크닉 면에서 최면 글쓰기와 매우 유사한 '담화식 최면conversational Hypnosis'을 설명하고 있다.

- 『좋은 광고 작성법How to Write a Good Advertisement』, 빅터 슈왑

1962년에 출간된 이 책은 오늘날 아주 유용하며 당신이 어떤 글을 쓰든 도움을 받을 수 있다. 이 책을 통해 글을 판매하는 방식에 관한 핵심적인 요소들을 배울 수 있었다.

- 『백만 달러짜리 우편물Million Dollar Mailings』, 대니스 해치

멋진 하드커버 책으로 71통의 성공적인 우편물에 관한 내용이 담겨 있다. 위대한 작가가 되려면 우선 좋은 글을 정독해야 한다. 이 책을 들고 방 안에 틀어박혀 정독해 보라. 해치의 또 다른 저서 『방법 마케팅Method Marketing』에서는 고객의 머릿속으로 들어가는 방법을 알려준다. 탁월한 작품이다.

- 『숨겨진 최면Covert Hypnosis』, 케빈 호건

최면에 걸리게 하는 언어 패턴 그리고 보디랭귀지부터 무의식

작용에 이르기까지 최면에 관련된 여러 분야를 이해하고 싶다면 잘 알려지지 않은 이 책을 꼭 읽어야 한다. 설득에 관한 정평 있는 전문가들이 이 수단을 이용하고 있다. http://www.KevinHogan. com을 통해 구매할 수 있다.

- 『판매고를 올려주는 광고 메일 작성법How to Write Letters that Sell』, 크리스티안 고드프로이와 도미니크 글로슈

내가 정말 좋아하는 책이다. 설득력 있는 광고 메일 작성법을 과정별로 분류해 놓았기 때문에 누구든 쉽게 따라 할 수 있다. 이 책에 실린 사례들은 천금 같은 가치가 있다. 21개 항목의 체크리스트도 값을 매기지 못할 정도로 소중하다. 안타까운 소식은 이 책이 절판 상태라는 것이다. e베이나 아마존에서 중고책으로 구입 가능하다.

읽어야 할 또 다른 작품들

존 캐플스의 모든 저서.

댄 케네디의 모든 저서.

밥 블라이의 모든 저서.

조 슈거맨의 모든 저서.

데이비드 가핑클의 모든 저서.

추가 자료

• 『공격적인 마케팅의 힘The Power of Outrageous Marketing』, 조 비 테일

나이팅게일 코넌트에서 출시한 베스트셀러 오디오 패키지로 여러 권의 책과 워크북이 담겨 있다. 온라인으로 오디오 발췌분을 듣거나 주문하려면 http://www.nightinggale.com을 참조하면 된다.

• 설득의 힘Power Persuasion, 데이비드 배런

NLP와 설득에 관한 데이비드 배런의 훌륭한 강좌다. http://www.change-wor.com/adcopy/persuation.htm을 참조하라. 그의 강좌가 무척 마음에 들었기 때문에 나는 그 강좌에 관한 책을 여러 권 구입하여 나의 학생, 고객, 친구들에게 나눠주었다.

• 조 비테일처럼 생각하는 법How to Think Like Joe Vitale, 텔먼 크누드슨

NLP 전문가인 텔먼이 카피라이터로서 나의 잠재력을 깨닫게 해준 온라인 오디오 프로그램이다. http://www.nlp_expert.com/thinklikejoevitale.html을 참조하라.

• 최면 글쓰기 마법사, 조 비테일

내가 만든 윈도우 기반 소프트웨어 프로그램으로 최면 글쓰기 방식을 이용하여 세일즈레터, 광고, 보도자료, 연설, 서적 등을 쓰는 데 도움을 준다. 상세한 내용은 http://www.HynoticWritingWizard.com을 참조하라.

55.
최면 글쓰기 공식

관심을 끌라!
적절한 관심을 유도한다.
독자들의 최면 상태와 동화한다.

독자들을 끌어당겨라.
약소/이득/호기심
고통 또는 기쁨

욕구와 감정을 불러일으켜라.
그림을 그려라.
스토리를 말하라.

이유와 논리를 제공하라.
설명/전개

대화하라. 거부감을 없애라.
독심 능력

증거: 사실
통계, 증명서

보증

주문 취소를 각오하고 보증하라.

실행

왜 지금 실행에 옮겨야 하는가?

상기/ 끝맺음

추신 - 고통/기쁨/선물

56.

당신의 도전

수년 전에 마케팅 권위자인 존 리즈는 과거의 모든 판매 기록을 깨고 24시간 만에 온라인으로 1백만 달러 이상의 매출을 성사시켰다. 그의 일화는 고무적이고 교훈적이다. 그의 놀라운 성공에 대한 상세한 기록은 http://www.mrfire.com/trafficspecial. zip에서 살펴볼 수 있다. 아직 그의 성과를 알지 못한다면 http:// trafficsecrets.com/vitale을 참조하라.

존 리즈를 언급한 것은 다음과 같은 이유에서다.

기적은 항상 발생한다. 기록은 깨지기 마련이다. 불가능은 없다.

그의 기록이 언제 다시 깨어질지 누가 알겠는가? 존의 성공 이후 나를 포함하여 몇몇 마케팅 전문가들이 그의 기록에 도전했다. 당신 또한 다음 도전자가 될 수 있다.

최면 글쓰기는 기적적인 것, 나아가 불가능한 것까지 가능하게 해준다. 예전에 나는 91퍼센트의 응답을 얻어낸 세일즈레터를 작성한 적이 있다. 그런가 하면 브루스 바턴은 100퍼센트 응답을 얻어낸 기금 조성 세일즈레터를 작성한 적이 있다.

어쩌면 당신은 나와 바턴은 물론 존 리즈를 능가하는 잠재력을 가지고 있을지 모른다. 나는 당신에게 도구를 제공했다. 이제 당신은 망치와 못을 손에 쥐고 있다. 무엇을 만들 것인가? 어디까지나 선택은 당신의 몫이다. 눈부신 성과에 도전하라.

RE·ISSUE SERIES | 01

꽂히는 글쓰기

1판 1쇄 펴낸날 2023년 5월 21일
1판 3쇄 펴낸날 2023년 6월 23일

지은이 조 비테일
옮긴이 신현승

펴낸이 나성원
펴낸곳 나비의활주로

책임편집 김정웅
디자인 BIG WAVE

주소 서울시 성북구 아리랑로19길 86
전화 070-7643-7272
팩스 02-6499-0595
전자우편 butterflyrun@naver.com
출판등록 제2010-000138호
상표등록 제40-1362154호
ISBN 979-11-90865-99-9 03320